谁是股市赢家

梦兮◎著

中国宇航出版社
·北京·

图书在版编目(CIP)数据

谁是股市赢家/梦兮著. --北京:中国宇航出版社,2013.1

ISBN 978-7-5159-0354-5

Ⅰ. ①谁… Ⅱ. ①梦… Ⅲ. ①股票投资—基本知识 Ⅳ. ①F830.91

中国版本图书馆 CIP 数据核字(2012)第 292129 号

策划编辑　田方卿　　　装帧设计　文道思
责任编辑　田方卿　　　责任校对　刘江力

出版发行　中国宇航出版社
社　址　北京市阜成路 8 号　　邮　编　100830
(010)68768548
网　址　www.caphbook.com
经　销　新华书店
发行部　(010)68371900　　(010)88530478(传真)
(010)68768541　　(010)68767294(传真)
零售店　读者服务部　　北京宇航文苑
(010)68371105　　(010)62529336
承　印　北京嘉恒彩色印刷有限公司
版　次　2013 年 1 月第 1 版　　2013 年 1 月第 1 次印刷
规　格　787×960　　开　本　1/16
印　张　11.25　　字　数　130 千字
书　号　ISBN 978-7-5159-0354-5
定　价　25.00 元

本书是站在巨人肩上探索的结晶！

派别	全球顶尖投资巨人
成长派	**菲利普·费雪** Philip A. Fisher，1907–2004 年，现代投资理论的开路先锋之一，成长股投资策略之父，教父级投资大师，华尔街极受尊重和推崇的投资专家。著有《怎样选择成长股》等书。
	彼得·林奇 Peter Lynch，生于 1944 年，是一位卓越的股票投资基金经理。在其执掌美国富达公司麦哲伦基金的 13 年间，实现了年均 29.2% 的复利增长，其管理的资产也由 2000 万美元成长至 140 亿美元。目前任富达投资集团副主席。著有《彼得·林奇的成功投资》等书。
价值派	**沃伦·巴菲特** Warren Buffett，生于 1930 年，全球著名投资家。在其 40 年投资生涯中，年均复利回报超过 20%，被人们称为“股神”。在 2008 年《福布斯》排行榜上，其个人财富超过比尔·盖茨，以 620 亿美元的总资产成为世界首富。
指数派	**罗伯特·阿诺德** Robert Arnott，基本面指数投资策略创始人，美国锐联资产管理公司主席，曾在 2006 年被美国《Smart Money》评为与沃伦·巴菲特齐名的最有影响力的 30 人之一。自 2005 年创立基本面指数以来，在全球采用基本面指数策略管理的资产规模已超过 300 亿美元。著有《基本面指数投资策略》等书。

导读 探寻股海真经

美国过去30年的平均通货膨胀率为2.9%，中国过去30年的平均通货膨胀率为5.8%，是美国的两倍，而且其中有5个年头货币贬值速度超过10%。无论是世界头号强国美国，还是正在快速发展的中国，通货膨胀都已成为常态。

通货膨胀①是逐年渐进发生的，每年之间的差异并不明显，犹如温水煮青蛙②，让很多人丧失了警惕性。按照每年5.8%的通货膨胀率计算，你现在拥有10万元，10年后只有当前5.5万元的购买力，30年后

① 通货膨胀意指一般物价水平在某一时期内连续性地以相当的幅度上涨的状态。与货币贬值不同，整体通货膨胀为特定经济体内货币价值的下降，而货币贬值为货币在经济体间之相对价值降低。前者影响此货币在使用国内的价值，而后者影响此货币在国际市场上的价值。因为不同物价影响不同人，通货膨胀有许多不同的衡量方式，最常见的两种衡量指数为消费者物价指数（CPI）和GDP平减指数。稳定的小幅度通货膨胀一般被认为对经济发展有益。

② “温水煮青蛙”这个词来源于19世纪末美国康奈尔大学科学家做过的一个“水煮青蛙”实验。科学家将青蛙投入已经煮沸的开水中时，青蛙因受不了突如其来的高温刺激，立即奋力从开水中跳出来，成功得以逃生。当科研人员把青蛙先放入装着冷水的容器中，然后再加热，结果就不一样了，青蛙反倒因为开始时水温舒适而在水中悠然自得。当青蛙发现无法忍受高温时，已经心有余而力不足，不知不觉在热水中被煮死。实验说明，在温度变化明显的情况下，青蛙可以迅速跳出逃生。当水温变化很微小的时候，青蛙就难于察觉，从而失去逃生的机会。

温水煮青蛙，无法察觉的死亡！

只有当前1.67万元的购买力，你的血汗钱和养老钱就这样无声无息地被通货膨胀这只手悄悄地掏走了。

怎样防范通货膨胀这只手掏空你的血汗钱和养老钱？答案就是投资。投资除了能保护你的资金免受贬值之害，还可以产生复利效应，让你的财富实现利滚利的增值。如果你的投资收益按10%的年均复利[①]增长计算，现在投入10万元，30年后将变成174万元。即使扣除年均5.8%的通货膨胀，按现在货币价值计算，这10万元也将增值为34万元。

一旦你下定决心准备抵御通货膨胀这头怪兽，宣布加入创造复利增长的投资者队伍，那么接下来的事情会让你无所适从。黄金？房产？定期存款？债券？股票？基金？权证？期货？外汇？艺术品？保险？这么多产品让你眼花缭乱！该作何抉择？本书将逐一进行剖析，帮你理清投资思路。

在本书中，着重推荐你投资股市。可是一旦你踏入股票市场，迎面而来的是各种扑朔迷离的投资理论和方法：道氏理论、波浪理论、蜡烛图分析、指标分析、成长选股[②]、价值投资[③]、概念炒作、指数化

---

① 复利是一种计算利息的方法。按照这种方法，利息除了会根据本金计算外，新得到的利息同样可以生息，因此俗称“利滚利”、“驴打滚”或“利叠利”。计算利息的周期越密，财富增长越快。随着年期越长，复利效应亦会越为明显。复利的计算公式是：$F=P\times(1+i)^n$，其中F为复利终值，P为本金，i为利率，n为利率获取时间的整数倍。

② 成长选股是指选择那些收益增长速度快、未来发展潜力大的股票作为投资标的，以享受基于成长之上的高溢价和高收益。成长型股票的特点是市盈率、市净率通常较高。

③ 价值投资是投资策略的其中一种，形象地说，就是在一家公司的市场价格相对于它的内在价值大打折扣时买入其股份。不同于成长投资，价值投资偏好本益比、账面价值或其他价值衡量基准偏低的股票。

投资[①]……五花八门的投资方法，似乎都有一定道理，让你头晕目眩。到底该选择什么方法？本书将股票市场的投资方法归纳为六个派别：概念派、技术派、价值派、成长派、指数派、操纵派，然后逐一进行解剖。

在股市六派的角逐中，指数派、价值派和成长派坚持正确的投资理念，凭借手中掌握的"照妖镜"，成为市场的赢家。尤其是成长派，通过投资优质成长股，成为市场终极大赢家。什么样的公司才能保持长期成长？本书将和你分享秘诀。

从整体股市来看，道琼斯指数100年来的运行轨迹表明，股市长期运行趋势是向上的，当然向上运行的过程也并非一帆风顺，在某些年头会有惨烈的下跌，在某些年头会原地踏步。如果遭遇20世纪30年代发生的经济大萧条，在1929年初买入一揽子美股，那么在接下来的3年时间里，资金将损失90%；如果遭遇21世纪初纳斯达克高科技股泡沫破灭，在2000年初买入纳斯达克综合指数，在接下来的两年半时间里，资金将损失78%。

从个股来看，有158年辉煌历史的雷曼兄弟[②]在2008年次贷危机[③]中倒下，公司出现巨额亏损，不得不申请破产保护；曾经辉煌的诺基

---

① 指数化投资是以复制指数构成股票组合作为资产配置方式，以追求组合收益率与指数收益率之间的跟踪误差最小化为业绩评价标准。其特点和优势在于投资风险分散化、投资成本低廉、追求长期收益和投资组合透明化。指数型基金是最典型的指数化投资产品。

② 雷曼兄弟公司是为全球公司、机构、政府和投资者的金融需求提供服务的一家全方位、多元化投资银行。雷曼兄弟公司自1850年创立以来，已在全球范围内建立起了创造新颖产品、探索最新融资方式、提供最佳优质服务的良好声誉。雄厚的财务实力支持其在所从事的业务领域占据领导地位，并且是全球最具实力的股票、债券承销和交易商之一。同时公司还担任全球多家跨国公司和政府的重要财务顾问，拥有多名业界公认的国际最佳分析师。由于雷曼公司的业务能力受到广泛认可，公司因此拥有包括众多世界知名公司的客户群，如阿尔卡特、美国在线、时代华纳、戴尔、富士、IBM、英特尔、美国强生、乐金电子、默沙东医药、摩托罗拉、NEC、百事、菲利普莫里斯、壳牌石油、住友银行及沃尔玛等。2008年9月15日，在次贷危机加剧的形势下，雷曼兄弟欠下6130亿美元债务，最终不得不宣布申请破产保护。

③ 次贷危机又称次级房贷危机，也译为次债危机，是指一场发生在美国，因次级抵押贷款机构破产、投资基金被迫关闭、股市剧烈震荡引起的金融风暴。次贷危机致使全球主要金融市场出现流动性不足危机。美国次贷危机是从2006年春季开始逐步显现的。2007年8月开始席卷美国、欧盟和日本等世界主要金融市场。

亚从 2008 年开始陆续从欧美证券市场摘牌退市。这一系列惨烈的事例，不得不让人思考这样一个问题：怎样才能在获得丰厚收益的同时最大限度地控制风险？本书将和你一起分享股市投资的风险控制方法。

超过 100 年的投资历史证明，高风险的杠杆类投资品①是不能触碰的，因为它们会让你倾家荡产。房地产、黄金以及国债等投资品，都可以进行长期投资，但它们的投资收益基本和通货膨胀同步，较少获得正收益。

自 1900 年的 100 年以来，扣除通货膨胀因素，投资英国长期国债，只获得了年均 1.3% 的正收益。我们再来看看股票指数投资收益，在 1900 年投资 1 万英镑到英国股票指数，如果每年的股票分红用来再投资，到 2000 年为止，当初投资的 1 万英镑将增长到 1.69 亿英镑，年均复利回报为 10.2%，超越通货膨胀 6.1%。投资英国股票指数，获得了远超通胀的正收益。正是这每年 6.1% 的差异，100 年复利累积下来，获得的回报是长期国债的 88 倍。

和其他投资方式比较，投资股票指数可以取得巨大的成功，因此你可以将你的资金投资于紧密跟踪股票指数的指数基金。除了投资被动型的指数基金以外，是否还需要投资于主动型的股票基金呢？本书将进行解剖分析。

目前主流的股票指数都是采用市值加权②的方式进行股票权重分

---

① 在金融中，杠杆化是指任何能够扩大收益和损失的技术。衍生金融工具杠杆通过期权、期货、保证金交易等金融工具实现杠杆化。例如：对冲基金利用衍生金融工具杠杆化其资产，通过 100 万美元的现金保证金，可以控制价值 2000 万美元的原油，并得到由其价格波动所产生的收益或损失。杠杆化对投资收益的影响是不确定的，可能增加收益，也可能减少收益。杠杆化最明显的风险就是扩大损失。2008 年由美国次贷危机引发的全球金融危机，被归咎于“过度的杠杆化”。美国以及许多发达国家的消费者过度负债消费，金融机构高杠杆化，表外业务的名义杠杆率非常高，这些过度的杠杆化加剧了实体经济和金融的风险，为次贷危机的发生埋下伏笔。

② 市值加权指数是指一种以每只成分股的流通数量乘上每只股票的价格为基础确定数值的股票指数，即以股票市值作为权重计算出来的指数。计算的具体方法是把指数中的每只股票的市值（股价 × 总股本）加起来，然后先除以基期的总市值，再乘以基期的指数值。市值加权指数假设投资者按照每只股票的市值比例去投资。比如，工商银行总市值占上证指数总市值的 17%，那么就拿 17% 的资金去购买工商银行的股票。该指数的主要问题就是大市值公司对指数的影响太大。比如工商银行占上证指数总值的比例高达 17%，如果工商银行涨停，上证指数将上涨近 50 点。

配，比如标准普尔500指数，就是采用市值加权。上百年来，市值加权指数取得了优异的投资成绩，但市值加权指数并非完美无缺，因为市场并非是一直有效的，有时会不断偏离价值，产生泡沫，市值加权指数容易在高估的股票上配置过多权重，这会导致投资绩效下降。为了解决这个缺陷，锐联资产管理公司经过大量研究，推出了以经济规模方式加权的基本面指数，有效解决了这个缺陷。本书将向你呈现基本面指数的研究成果。

虽然基本面指数改善了市值加权指数的缺陷，获得了高于市值加权指数的回报，但投资指数，只能获得市场平均水平的回报。在股市中，有优秀的上市公司，有劣质的上市公司，要想获得超越指数的回报，选择优秀的成长型上市公司进行投资是根本法宝。在可长期增长的市场中，选择出具有可持续竞争优势的企业，你将追上大牛股高速成长的步伐，获得大牛股带来的丰厚回报。

每一轮科技创新发明，都会催生出许多优秀的成长型企业，也会淘汰掉许多夕阳企业。在科技创新的推动下，市场遵循着永恒不变的优胜劣汰法则。“优胜劣汰，适者生存”本是生物界的进化法则，但在残酷竞争的商业社会同样适用，优秀的公司会获得更多的生存和发展机会。

作为成长派的投资人，买入优质成长股并非一劳永逸，你还需要在股市里继续寻找更优质的成长股，建立优胜劣汰的进化机制，这样就可以始终站在股市进化大潮的前沿。那么到底该建立什么样的优胜劣汰进化机制呢？本书将和你一起分享最前沿的投资理念——优胜劣汰的进化投资法则。

踏入股市，媒体、财经评论员、经济学家、证券经纪人等无时无刻不在影响着你，你需要听从他们的建议吗？或者说他们的见解是可靠的吗？股市中，人们很容易在各种短期诱惑和恐惧中迷失方向，从而导致投资失败。怎样克服短期诱惑和恐惧？

股市各种预测方法层出不穷，经常有人在媒体上预言什么时候拐点即将到来。这些预测方法是否真的能准确预测股价的走向？这些预言大师是否真的能未卜先知？本书将为你逐一解析。

巴菲特在投资中始终坚持能力圈原则，即投资于他所能理解和熟悉的行业。大部分普通投资人失败的一个重要原因，就是违反了能力圈原则，买入了自己能力圈以外的公司的股票，结果损失惨重。本书将告诉你巴菲特是怎样坚守能力圈原则的。

就像 X 光、超声波、CT 等可以透视人体内脏器官是否存在病变一样，财务报表可以透视企业的经营管理是否存在问题。企业有 3 张非常重要的财务报表：损益表、资产负债表、现金流量表，研究透这 3 张报表，你可以有效掌握企业的经营情况。本书将为你详细解读这 3 张报表。

历史数据分析有助于提升你的投资经验，有助于你选择优质成长股，同时加强你对牛市和熊市的认识，增强你的投资信心。本书将与你分享从历史数据中总结经验的方法和技巧。

《孙子兵法》说："知己知彼，百战不殆。"作为一个成功的投资人，你需要对上市公司做必要的基本面调查研究，熟悉掌握公司的主要运营情况，降低作出错误投资决策的风险。本书将告诉你如何对上市公司进行调查研究。

由于证券市场在中国成立时间较短，发展不够成熟和规范，专业投资人鱼龙混杂，真正优秀的专业投资人不多。在市场中，如何识别优秀的专业投资人？本书也将和你一起分享这些方法。

目录

CONTENTS

导读　探寻股海真经

第1章　艰难的投资抉择

1.1　通货膨胀正吞噬你的钱袋　2

1.2　复利的巨大魅力　6

1.3　眼花缭乱的投资品　7

1.4　理清你的投资抉择　24

第2章　扑朔迷离的投资方法

2.1　六门神诀　28

2.2　市场究竟有没有效？　32

2.3　到底谁是胜利者？　35

2.4　股市的照妖镜？　39

第3章　成长：通向天国的阶梯

3.1　股市终结者　46

3.2　怎样保持长期成长　48

3.3　可长期增长的市场　56

3.4　可持续的竞争优势　52

3.5　何时买卖？　60

第4章　风险：达摩克利斯之剑

4.1　风险来自哪里？　64

4.2 系统性风险 65
4.3 个股风险 69

第5章 进化投资：超越指数的利器

5.1 指数化投资的魅力 80
5.2 更胜一筹的基本面指数 85
5.3 优胜劣汰，进化投资 95
5.4 进化投资的优势 108

第6章 心态：克服人性的弱点

6.1 独立思考，勿受干扰 116
6.2 克服短期诱惑和恐惧 119
6.3 不要热衷预测 123
6.4 杠杆：化身天使的魔鬼 125
6.5 坚持能力圈原则 126

第7章 基本功修炼

7.1 学会看财务报表 130
7.2 从历史数据中总结经验 146
7.3 做必要的调查研究 149
7.4 识别优秀的专业投资人 156

后记 投资方法进化论

致 谢

参考文献

第1章 艰难的投资抉择

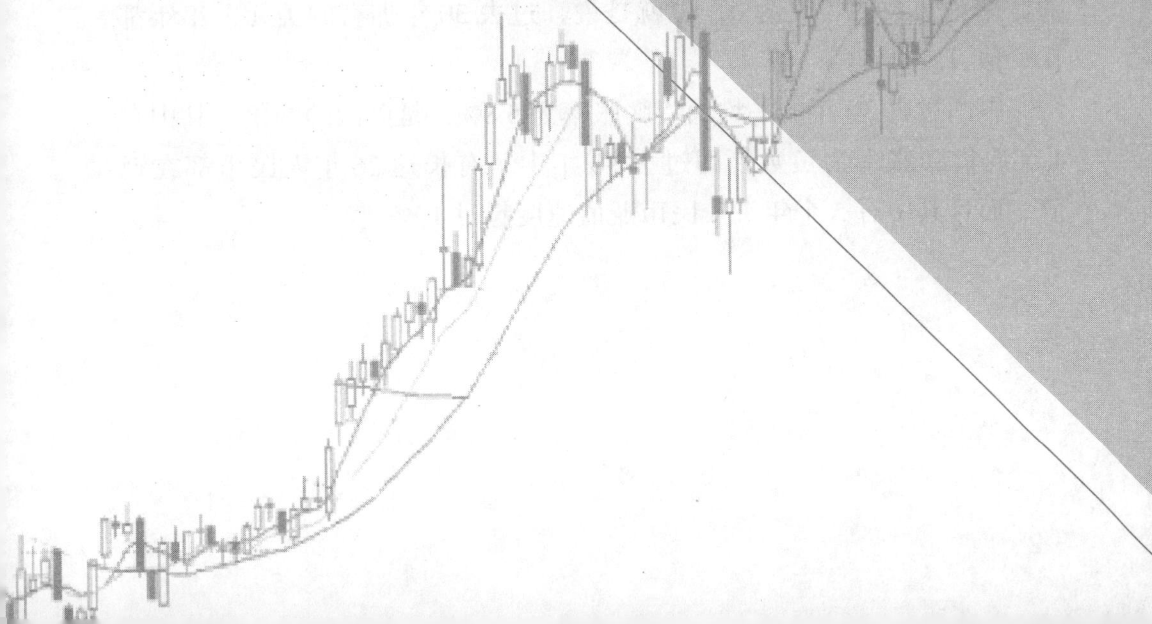

1.1 通货膨胀正吞噬你的钱袋

通货膨胀是一只可怕的怪兽，它正在悄悄吞噬你的血汗钱和养老钱。

表 1–1 列出了中国和美国过去 30 年的通货膨胀数据。

从表中可以看出，美国过去 30 年的平均通货膨胀率为 2.9%，通货膨胀率为负数的年头为 0，也就是说，过去 30 年拥有的美元，年年都在贬值。

中国过去 30 年的平均通货膨胀率为 5.8%，是美国的两倍，其中有 4 年通货膨胀率为负数，即过去 30 年中，有长达 26 年人民币都在贬值，而且其中有 5 个年头人民币贬值速度超过 10%。

表1-1 中美两国过去30年通货膨胀情况

中国		美国	
1981：2.3%	1996：6.4%	1981：9.4%	1996：1.8%
1982：-0.2%	1997：1.5%	1982：6.1%	1997：1.9%
1983：1.0%	1998：-0.9%	1983：4.0%	1998：1.3%
1984：4.9%	1999：-1.3%	1984：3.8%	1999：1.5%
1985：10.2%	2000：2.1%	1985：3.1%	2000：2.2%
1986：4.7%	2001：2.1%	1986：2.2%	2001：2.3%
1987：5.2%	2002：0.6%	1987：2.9%	2002：1.6%
1988：12.1%	2003：2.6%	1988：3.5%	2003：2.2%
1989：8.5%	2004：6.9%	1989：3.8%	2004：2.8%
1990：5.8%	2005：3.9%	1990：3.8%	2005：3.3%
1991：6.8%	2006：3.8%	1991：3.4%	2006：3.3%
1992：8.2%	2007：7.6%	1992：2.1%	2007：2.9%
1993：15.1%	2008：7.8%	1993：2.2%	2008：2.2%
1994：20.6%	2009：-0.6%	1994：2.0%	2009：1.8%
1995：13.7%	2010：6.6%	1995：2.3%	2010：0.8%
近30年平均通货膨胀率：5.8%		近30年平均通货膨胀率：2.9%	

说明：由于CPI并未包括投资品（如房地产等）数据，因此采用GDP平减指数能更准确地衡量整体通胀情况。数据来源：世界银行网站 data.worldbank.org.cn。

过去30年的通货膨胀数据表明，无论是世界头号强国美国，还是正在快速发展的中国，通货膨胀都已经成为常态。

通货膨胀吞噬大众的血汗钱，政府为何不予以阻止而让其存在？分析一下，至少有两个方面的原因，表明政府需要让通货膨胀长期存在：一是为了促进经济发展，二是为了削减巨额的财政赤字。

如果货币没有贬值，人们会将赚到的钱放到身边或者银行储存起来，长期下来，大家手中的钱会越积越多。假如所有人都只储蓄不消费，将会导致市场有效需求严重不足，经济发展就会受到影响。政府为了推动经济发展，促进充分就业，会通过增加财政赤字和增发货币来扩大需求，增加整个经济的产出。增发货币有双重作用，一方面增发的货币可以借给政府或者企业进行投资，通过投资来拉动经济增长。另一方面，增发货币会引发通货膨胀，造成货币贬值，迫使大家将储存的钱拿出来消费或者投资。在增发货币的双重作用下，社会经济得到了发展。

政府投资和财政开支需要大把花钱，因此经常入不敷出，形成财政赤字。财政赤字逐年积累，就会像吹涨的气球一样越吹越大。气球最终会有爆裂的一天，到时就会造成巨大的经济危机和社会危机，2009 年以来发生在欧洲的主权债务危机就是典型案例。为了避免财政赤字引发大的经济和社会动荡，政府通常通过超发货币促使货币贬值。货币贬值了，财政赤字相对来说自然就减少了。

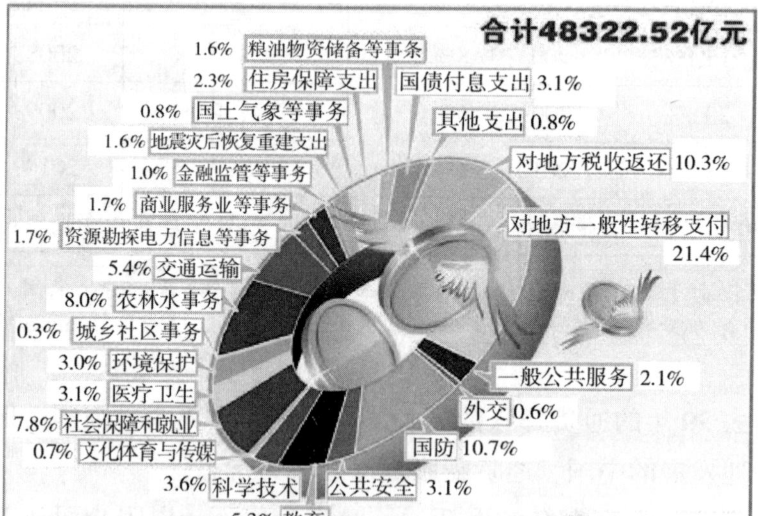

图1–1　2010年中央财政支出结构

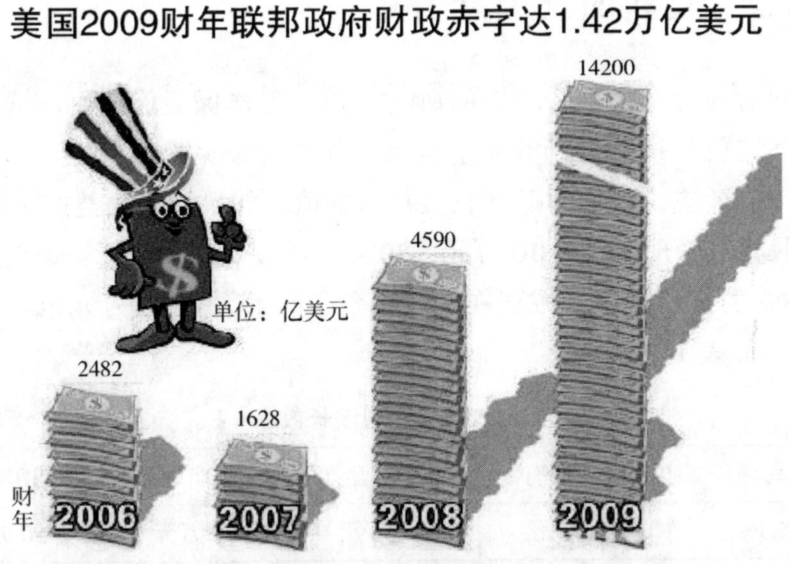

图1-2　美国2009财年联邦政府财政赤字达1.42万亿美元

未来，通货膨胀将伴随你的一生，这只怪兽会长期持续地吞噬你的血汗钱和养老钱。通货膨胀是逐年渐进发生的，每年之间的差异并不明显，犹如温水煮青蛙，这会让很多人丧失警惕性。

按照每年 5.8% 的通货膨胀率计算，你现在拥有 10 万元，10 年后只有当前 5.5 万元的购买力，30 年后只有当前 1.67 万元的购买力，如表 1-2 所示。你的钱就这样被通货膨胀这只无形的贼手悄悄地掏走了，悲哀的是不少人对此还浑然不知，已经知道的对此也茫然无措。

表1-2　按5.8%通货膨胀率计算的购买力

当前拥有	10年后购买力	20年后购买力	30年后购买力
10 万元	5.5 万元	3.03 万元	1.67 万元

说明：折算为当前购买力

1.2 复利的巨大魅力

面对通货膨胀这张肆虐的血盆大口，怎样保卫你的血汗钱和养老钱？答案就是投资。投资除了能保护你的资金免受贬值之苦，还可以产生复利效应，让你的财富利滚利地增值。如果投资收益按 10% 的复利增长计算，现在投入 10 万元，30 年后将变成 174 万元。即使扣除年均 5.8% 的通货膨胀，按现在的货币价值计算，这 10 万元也将增值为 34 万。如表 1–3 所示。

表1–3 复利增长效应

年复利增长率	当前拥有	10年后	20年后	30年后
5.5%	10 万元	17 万元	29 万元	50 万元
10%	10 万元	26 万元	67 万元	174 万元
15%	10 万元	40 万元	164 万元	662 万元
20%	10 万元	62 万元	383 万元	2374 万元

复利的威力是巨大的，可以说是金融市场的原子弹。如果你的投资收益在 30 年内能做到按 20% 的年均复利增长，今天投入 10 万元，30 年后将增值到 2374 万元。世界首富巴菲特通过投资股票市场，40 年间实现了超过 20% 的年均复利增长。

几十年里要做到 20% 的年均复利增长是极其困难的，也不是一般人能做到的。不过你不必追求巴菲特的投资水平，但你可以通过学习正确的投资理念和投资方法，达到或略微超过金融市场的平均增长水平。

100 年来，英国股市综合指数实现了 10.2% 的年均复利增长。如果 100 年前投资 1 万英镑购买英国股市综合指数，到了今天，这笔投资将会翻 16526 倍。也就是说，仅仅 100 年前作出一个投资决定，此外无需再做什么，今天就将拥有1.65亿英镑的财富。

通过投资指数基金（ETF）[①]，无需动脑筋，长期来看，也将获得10%的年均复利回报。如果你已经满足于10%的年均复利回报，本书到此为止，以后的内容你无需再看，即刻投资于指数基金即可。

如果你认为你有足够的智慧，想尝试挑战一下市场，想获得超越指数投资的回报，后面将对各种投资品种和投资方法进行剖析，帮助你选择适合自己的投资方法。需要提醒的是，这会带你进入一个充满高风险的不确定世界，甚至带你走进万劫不复的深渊，因此请慎重考虑你的决定。

1.3 眼花缭乱的投资品

一旦下决心准备抵御通货膨胀这头怪兽，保卫你的养老钱和血汗钱，并激动人心地宣布即将加入创造复利增长的投资者队伍，试图战胜通货膨胀，并期望超越指数投资的收益，那么接下来的事情可能会让你无所适从。黄金？房产？定期存款？债券？股票？基金？权证？期货？外汇？艺术品？保险？这些投资产品让人眼花缭乱！该作何抉择？

下面逐一进行剖析，帮你理清投资思路，以便做出最明智的投资抉择。

---

① 指数基金，全称为“交易型开放式指数基金”，是一种在交易所上市交易的、基金份额可变的开放式基金。它综合了封闭式基金和开放式基金的优点，投资者既可以在二级市场买卖ETF份额，又可以向基金管理公司申购或赎回ETF份额，不过申购赎回必须以一篮子股票（或有少量现金）换取基金份额或者以基金份额换回一篮子股票(或有少量现金)。由于同时存在二级市场交易和申购赎回机制，投资者可以在ETF二级市场交易价格与基金单位净值之间存在差价时进行套利交易，避免封闭式基金普遍存在的折价问题。

投资者可以按照当天的基金净值向基金管理者购买（和普通开放式共同基金一样），也可以在证券市场上直接从其他投资者那里购买，购买的价格由买卖双方共同决定，这个价格往往与基金当时的净值有一定差距（和普通的封闭式基金一样）。

在剖析各种投资产品之前，特别提醒你，投资道路上陷阱众多，你需要识别哪些是真正的投资机会，哪些是诈骗钱财的投资陷阱。有人会编造一些激动人心的财富故事，给你描绘一个美好的蓝图，极力鼓动你加入他们的投资队伍，其目的无非是哄骗你掏腰包。

我们身边经常发生这样一些案例，比如以投资创业的名义欺骗你加入传销，以高额回报诱惑你参与高风险的杠杆式投资对赌，最后不但没有得到预期的回报，还可能血本无归，损失惨重。对于这样的骗子，无论他们描绘的前景有多么美好，纵使他们说得天花乱坠，你都需要保持理性和冷静，经过充分研究后再慎重作出投资决定。

表1–4　投资品分类概览

投资分类	投资品种	长期投资收益	风险
保障类	保险（财产 / 人寿）	重在中短期保障，投资收益低	无
保值类	长期定存 房产 黄金 债券 / 债券型基金	在经济发展时期基本和通胀同步，在重大政治动荡或者战争时期赶不上通胀	低
增值类	股票 指数型基金 股票型基金	世界股票市场发展历史证明，无论是经济发展时期、政治动荡时期，还是战争时期，都超越通胀很多，获得比较多的正收益	中
高风险类	期货 / 股指期货 外汇（保证金） 现货黄金 权证 对冲基金 股票卖空交易 衍生品交易	高风险对赌，你赚的钱就是别人输的，短期有高回报的可能，但长期来说胜率极低，通常血本无归，要相信“赌者必输”这个道理。保证金类和卖空类交易的高额手续费，通常让大批经纪人活得很滋润	高
	艺术品 （邮票 / 书画 / 玉器 / 古董）	如果你是艺术品鉴赏行家，可以获得超越通胀的正收益，但如果你是外行，通常是被赝品欺骗的对象，投资打水漂的可能性非常高	高

1.保障类：保险

如果你是上班族，政府性质的社会保险仅能满足你的基本医疗以及基本养老，但要想舒适地养老，指望社保是不现实的。这几年因为全球金融危机，欧洲一些国家养老保障体系出现问题，纷纷提出延迟退休年龄，中国网民在网上也引起了关于延迟退休年龄的激烈讨论。由于中国人口红利在未来将逐步消失，有人质疑养老保险是否是一个庞氏骗局①。作为一个社会整体的基本保障需要，社保在任何国家都是必需的，讨论社保是否是庞氏骗局，没有多大的实际意义，但作为一个投资人，更需要关注的是投资回报。对大多数人来说，社保仅是一个保障需要，而非投资收益需要。

查尔斯·庞齐

如果要应对中短期内重大疾病发生的巨额医疗费用，或者担心身故后家人没有经济收入来源，人寿类保险可以给你提供一份保障选择。但如果为了投资收益而购买人寿类保险，则不是一个明智的选择。

保险公司给你的回报通常是非常有限的，即使是分红型保险，其分红收入也不如定期存款高。试想，保险

① 庞氏骗局是一种最古老和最常见的投资诈骗，是金字塔骗局的变体，很多非法的传销集团就是用这一招聚敛钱财的。这种骗术是一个名叫查尔斯·庞齐的投机商人“发明”的，他于1919年成立一家空壳公司，骗人向这个事实上子虚乌有的企业投资，许诺投资者将在3个月内得到40%的利润回报，然后庞氏把新投资者的钱作为快速盈利付给最初投资的人，以诱使更多的人上当。由于前期投资的人回报丰厚，庞氏成功地在7个月内吸引了3万名投资者，这场阴谋持续了1年之久才被戳破。庞氏骗局在中国又称“拆东墙补西墙”、“空手套白狼”。简言之就是利用新投资人的钱向老投资者支付利息和短期回报，以制造赚钱的假象，进而骗取更多的投资。

公司拿到你的保费后，除了需要支付保险赔偿金外，还需要给付保险代理人不少提成和佣金。另外，养活那么多的保险从业人员，也需要不菲的开销。保险公司拿你缴纳的保费创造的投资收益，最后还能剩多少装到你的口袋？让保险公司去给你创造投资收益，还不如自己去创造投资收益！

2.保值类：存款

下面来看看定期存款利息与通货膨胀的对比数据。最近 8 年的年均通货膨胀率为 5.15%，1 年期定期存款的年均存款利率为 2.74%，定期存款利息根本跑不过通货膨胀。即使 5 年期定期存款 4.31% 的年均存款利率，也赶不上通货膨胀的速度。

从更长时间尺度来看，短期存款利息远远跑不过通货膨胀。长期定存在温和通胀时期勉强能与通货膨胀同步，但在严重通胀时期则远赶不上通胀速度。这也就是说，将钱存进银行，不但没有获得正收益，反而在逐年贬值。

统计数据显示，截至 2011 年末，中国城乡居民储蓄存款余额超过 35 万亿元，即使按 5 年期定期存款近 8 年平均利率水平来计算，躺在银行睡觉的这笔钱，每年的损失也超过 2000 亿元。国人喜欢储蓄，认为钱放在银行安全有保障，而且还有利息，通过表中数据对比，大家应该明白，钱放在银行是多么不可靠。

表1–5　定期存款与通货膨胀率比较

年份	通货膨胀率	1年期定期存款利率	5年期定期存款利率
2004	6.9%	2.25%	3.6%
2005	3.9%	2.25%	3.6%
2006	3.8%	2.52%	4.14%
2007	7.6%	4.14%	5.85%

续表

2008	7.8%	2.25%	3.6%
2009	–0.6%	2.25%	3.6%
2010	6.6%	2.75%	4.55%
2011	5.2%	3.5%	5.5%
平均值	5.15%	2.74%	4.31%

说明：通货膨胀采用 GDP 平减指数，定期存款取年末值。

3.保值类：房地产

房地产价格这些年涨幅很大，其投资收益远超其他投资品种。不可否认，房地产市场这 10 多年的火爆上涨，创造了数不清的暴富神话和富人群体。尤其在暴涨效应和杠杆效应的双重作用下，投资房地产创造了 5 倍甚至上 10 倍的收益回报。赶上房地产这台创富机器步伐的人们，真是上天的幸运儿。

我们要关心的事情是：房地产市场是否会一如既往地一路狂奔下去？现在参与到这个市场中，是否还会获得超过其他投资品的回报？要回答这个问题，必须从世界范围来观察和分析。

在过去 110 年间，美国房产的名义价格[①]平均增长了 34 倍，但经过通货膨胀调整后，实际价格基本上没有发生变化。当然，这么长的投资周期比较少见。如果在 1979 年开始投资美国房市，一直持有到 2010 年，31 年间，扣除通货膨胀因素，房价实际贬值 8.5%。从 1997 年到 2006 年的 10 年间，扣除通货膨胀因素，美国的实际房价翻了 1 倍，但 2008 年发生的次贷危机，又使房价迅速下跌到大涨前的价格水平。

① 名义价格与实际价格相对，就是不剔除通货膨胀因素的价格。例如，1976 年一瓶黄油价格是 0.77 美元，到了 1981 年变为 1.70 美元，1991 年变为 1.91 美元，2007 年约为 2.77 美元。这些不同年份的价格就是名义价格，也叫“现值美元”价格，即没有经过通货膨胀调整的价格。

通过美国房价变化趋势分析可以得出以下两点结论：一是在长达几十年的时间里，房价基本维持在和通胀同步的水平。二是房价涨得快也跌得快。

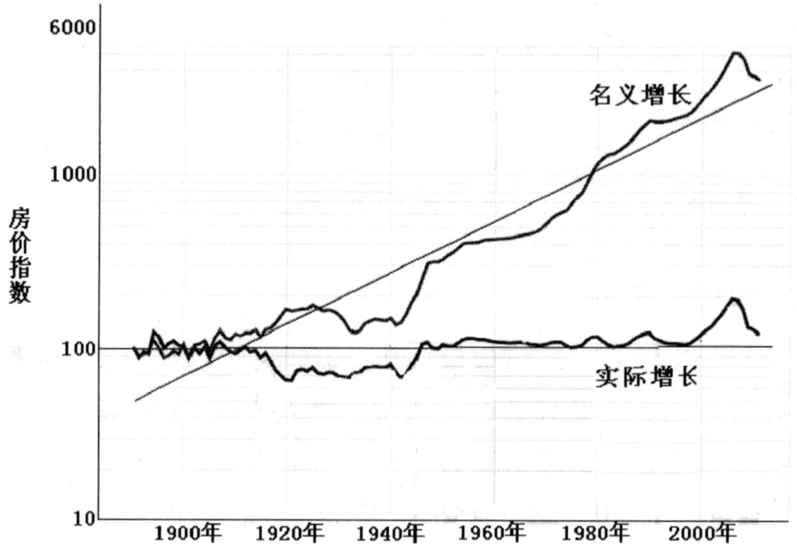

图1-3　1890–2010年美国房价走势

说明：上线是名义房价，下线是扣除通货膨胀后的实际价格

利用银行按揭贷款[①]这种杠杆方式投资房地产，是否会获得超额收益呢？采用首付2成，相当于5倍的杠杆进行房地产按揭投资，从短期来看，在房价暴涨时期确实获利巨大。但从长期来看，房地产价格的长期增长率基本维持在与通货膨胀相当的水平，而按揭贷款的利息成本是高于通货膨胀的。比如2012年7月的房地产商业贷款利率是6.55%，高于近30年5.8%的通货膨胀率。也就是说，利用按揭贷款购买房地产的投资收益，反而比不利用按揭的收益要少。

① 按揭贷款是指购房者以所购得的楼宇作为抵押品而从银行获得贷款，购房者按照按揭契约中规定的归还方式和期限分期付款给银行；银行按一定的利率收取利息。如果贷款人违约，银行有权收走房屋。

投资房产除了可以抵御通货膨胀外，还可以用来出租，以获得租金收益，加上租金收益，至少应该是正收益了吧？但是你别忘了，买卖房屋缴纳营业税、交易税以及个人所得税等各种税费，还要支付交易佣金，未来可能还会开征房产税，再加上房屋装修、维护成本，以及房屋折旧成本等，租金收益就这样被抵消掉了。

从以上分析可以看出，房产投资，仅仅把它当作一个能够抵御通货膨胀的投资方式即可。

4.保值类：实物黄金

我们再来分析一下实物黄金投资。二战以后，全球基准货币体系——布雷顿森林体系①建立起来，美国以 35 美元兑 1 盎司建立起美元与黄金的兑价关系。该兑价关系一直维持到 1973 年布雷顿森林体系崩溃，这期间黄金一直维持 35 美元 / 盎司。

布雷顿森林体系解体后，在短短的 7 年时间内，黄金价格由 35 美元 / 盎司飙涨到 750 美元 / 盎司，涨幅超过了 20 倍，这期间投资黄金，收益是非常丰厚的。但随后的 2 年内，金价跌到 400 美元 / 盎司。从 1981 年开始，直到 2004 年，即在随后的 24 年内，金价一直维持在 400 美元 / 盎司上下波动。如果在这期间投资黄金，不但无法获得正收益，通货膨胀还造成投资损失 50%。随后 6 年的时间里，黄金又启动一波上涨行情，到 2010 年底，金价超过 1400 美元 / 盎司，价格翻了 3.5 倍。

---

① 布雷顿森林体系是指二战后以美元为中心的国际货币体系。1944 年 7 月，西方主要国家的代表在联合国国际货币金融会议上确立了该体系，由于此次会议是在美国新罕布什尔州布雷顿森林举行的，因此称为布雷顿森林体系。布雷顿森林体系是以美元和黄金为基础的金融汇兑本位制，其实质是建立一种以美元为中心的国际货币体系，基本内容包括美元与黄金挂钩，其他国家的货币与美元挂钩，以及实行可调整的固定汇率制度（即 35 美元兑换 1 盎司黄金），取消经常账户交易的外汇管制等。布雷顿森林体系的建立，促进了战后资本主义世界经济的恢复和发展。20 世纪 60 ~ 70 年代，因美元危机与美国经济危机频繁爆发，以及该制度本身不可解脱的矛盾，该体系于 1973 年宣告结束。

从 1981 年初到 2010 年底的 30 年间，黄金价格每年平均上涨 4.3%。这个数字似乎超过美国在同一时期 2.9% 的年均通货膨胀率，但考虑到黄金猛烈上涨之后，通常是长期的滞涨，因此以目前的金价来看，未来长期原地踏步的可能性较大。放到历史长河来看，黄金价格也就是基本维持在和通货膨胀同步的水平。

因此长期来看，投资黄金可以抵御通胀，但若选择的时机不对，没有赶上大涨的年代，很有可能几十年内投资黄金都是负收益。

图1–4　1975–2010年黄金价格走势图

5.保值类：债券/债券型基金

按发行主体的不同，债券可以分为三类：政府债券、金融债券、公司债券。政府债券是由中央或者地方政府发行的，主要包括国债和地方政府债券。国债信誉好，利率优，风险小，因此又被称为“金边债券”。以 2012 年 7 月 10 日发行的国债为例，5 年期国债利率为 5.71%，同期 5 年期定期存款基准利率为 5.1%，即 5 年期国债比 5 年期定期存款利率高 0.61%。从国债历史发行情况来看，通常比同期定期存款高 1 ~ 2 个百分点，收益略微超过通货膨胀。不愿意承担风险的投资人，选择定期存款还不如买国债。

金融债券是由银行和非银行金融机构发行的债券。目前中国流通金融债券主要由国家开发银行、进出口银行等政策性银行发行。金融机构一般具有雄厚的资金实力，信用度较高，因此金融债券往往有良好的信誉。

公司债是由上市公司发行的债券，由证监会负责监督管理，公司债的风险要比国债高，当然收益也会比国债高。

无论是国债还是公司债，均存在投资风险。比如2009年以来发生的欧洲债务危机，就是因为希腊、葡萄牙、爱尔兰和西班牙等国政府借债过多，该国政府无力偿还引起的。

对于债券的风险等级，国际上流行的债券评定等级是3等9级，其中AAA级为最高级，AA级为高级，A级为上中级，BBB级为中级，BB级为中下级，B级为投机级，CCC级为完全投机级，CC级为最大投机级，C级为最低级。风险等级越高的债券，收益率也越高，到BB级高风险债券，收益率能达到10%。但BB级债券已经属于高风险债券，扣除风险损失，整体收益率是要打折扣的。

企业发行债券的目的是筹集资金用来投资，只有预期投资收益远超融资成本的时候，企业才愿意发债。从这个意义上讲，无论债券的收益率是多少，从整体来看，都是比不上股票收益率的。至于债券型基金[①]，并不比债券强多少，因为投资者需要额外付出基金管理费。如果你不愿意承担投资风险，又想跑赢通货膨胀，长期国债是不错的选择。

世界上其他国家的长期国债，投资收益情况是怎样的呢？自1900年

---

① 债券型基金是以国债、金融债等固定收益类金融工具为主要投资对象的基金，因为其投资的产品收益比较稳定，又被称为“固定受益基金”。根据投资股票的比例不同，债券型基金又可分为纯债券型基金与偏债券型基金。两者的区别在于，纯债型基金不投资股票，而偏债型基金可以投资少量股票。偏债型基金的优点在于可以根据股票市场走势，灵活地进行资产配置，在控制风险的条件下分享股票市场带来的机会。一般来说，债券型基金不收取认购或申购的费用，赎回费率和基金管理费用也较低。债券型基金的投资风险比较小，但是收益也少，长期收益只是略高于银行储蓄，通常作为抵御通货膨胀的工具。

的100年以来，英国长期国债（荷兰银行/伦敦商学院长期债券指数）的年均收益率是5.4%，也就是说1900年投资1万英镑，到现在可以增长到192万英镑。这期间英国的年均通货膨胀率（零售物价增长率）为4.1%，即扣掉通货膨胀，投资英国长期国债只获得了年均1.3%的正收益。

在这100年间，欧洲政局非常稳定的三个国家，扣除通货膨胀因素之后，长期国债年均收益率分别是：丹麦2.7%、瑞典2.3%、瑞士2.1%。而二战中三个战败国的长期国债，扣除通货膨胀因素后，年均收益率分别是：德国-2.3%、意大利-2.3%、日本-1.5%。战败国全都是负数，而且德国的统计数据中，还剔除了1922年和1923年那灾难性的两年。

1923年初，2万德国马克可以兑换1美元。10个月后，要用6300亿马克才能兑换1美元。这种恶性通货膨胀造成所有的国内债务都灰飞烟灭，现金、银行存款、公司债、国债转眼间一文不值，对长期国债投资者几乎造成100%的损失。因此在世界范围内投资国债时，你需要考虑一个国家政局是否能长期保持稳定。

6.增值类：股票/指数型基金/股票型基金

自1981年到2010年的30年间，美国标准普尔500指数[①]实现了年均7.7%的复利增长，加上这期间2.5%的年均分红率，合计达到10.2%的年均复利回报率，远高于这期间2.9%的通货膨胀率。在这30年间，投资者只要像傻瓜一样不停地买入股票指数，即可获得远超通货膨胀的正收益。

股票的投资收益是否能长期超越通货膨胀呢？我们将时间回溯100年来看一看。自1900年以来，美国遭遇两次世界大战，5次重大经济

① 标准普尔500指数是记录美国500家上市公司的一个股票指数，该指数由标准普尔公司1957年创立，以股票上市量为权数，按基期进行加权计算。标准普尔500指数覆盖的所有公司，都是在美国主要交易所如纽约证券交易所、纳斯达克交易所的上市公司。与道·琼斯工业平均股票指数相比，标准普尔500指数具有采样面广，代表性强，精确度高，连续性好等特点，被普遍认为是评价全球股市表现的基准。

或金融危机，超过 10 次重大军事或政治事变。在过去的 110 年间，美国道琼斯指数增长达 240 倍，远超这期间美国房价 34 倍的名义增长，实现年均 5.1% 的复利增长。再加上期间 5% 的年均分红，已经达到 10.1% 的年均复利回报，远远超越同期 3.4% 的通货膨胀率。

世界主要发达国家股市数据分析表明，长期来看，投资股票指数的收益远远超过通货膨胀，而且在和平发展时期，超额收益更加明显。因此投资于一揽子股票组成的代表整体市场的指数基金，或者投资于优秀基金经理管理的股票型基金，是非常不错的投资选择。如果你乐意分析研究，采用正确的方式进行股票投资，还可以获得超越指数的投资收益。

为何长期投资股票能战胜通货膨胀，并且超越其他投资产品？其原理在于，你买了一家稳健增长并持续盈利的公司股票，等于购买了一台源源不断为你创造财富的机器。你购买黄金放在家里收藏，它只不过是一块不会动的贵金属，不会为你创造财富。如果你买了一只会生蛋的小母鸡，你未来的收益不仅仅是养大了卖鸡赚钱，还可以每天提着篮子去市场卖鸡蛋，甚至它还可以帮你生一群小母鸡，为你创造复利收益。

通过道琼斯指数 100 年的运行轨迹，你会发现，股票价格的长期趋势是向上的。当然这种趋势也并非一帆风顺，某些年头会有惨烈的下跌，某些年头会原地踏步，停滞不前。如果在 1929 年初买入一揽子美股，在接下来的 3 年时间里，你将损失 90% 的资金。在 2000 年初买入纳斯达克综合指数，在接下来的两年半时间里，你将损失 78% 的资金。在 2007 年末买入上证指数，在接下来的一年时间里，你将损失 73% 的资金。

这一系列惨烈的数据，让你不得不去思考，怎样在获得超越通货膨胀收益的同时，能够最大限度地控制风险？这也正是后面将要和你一起分享的投资智慧。

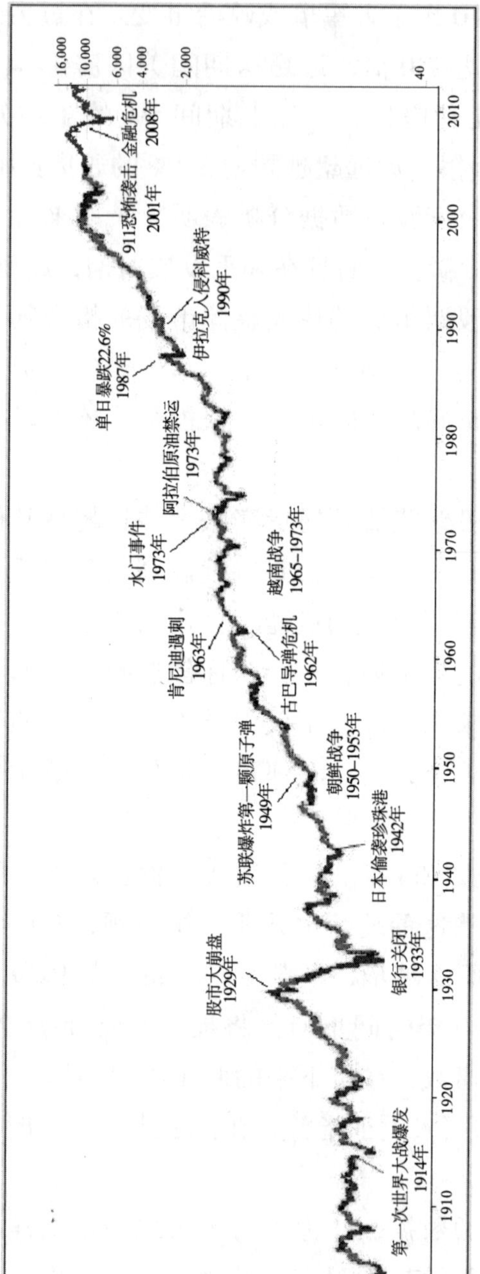

图1–5 美国道琼斯指数1900–2012年走势图

7.高风险类：期货/股指期货/外汇/纸黄金/权证/对冲基金/股票卖空/衍生品交易

高风险类投资都有一个共同特性：利用资本杠杆的放大效应进行投机操作。

阿基米德有一句名言：给我一个支点，我可以撬起地球。如果你有 1 万元资金作为保证金，可以利用杠杆放大效应，进行 100 万元外汇的买卖。如果你看涨英镑，当天英镑上涨了 1%，在没有杠杆的情况下，你获得了 100 元的收益。但如果动用了 100 倍的杠杆，你当天就可以获得 1 万元的回报，资金一天就可以翻 1 倍。

如果你有本事每天都看对走势，不到一年时间，全世界的钱都将是你的，你将成为地球上独一无二的金融帝王。这是何等的诱惑！正是因为具有财富倍增效应，所以每天全世界有远远超过股市交易的海量资金，如飞蛾扑火般地投入到外汇交易市场中。可惜的是，我们并没有看到金融帝王的诞生，看到的却是一幕幕金融惨剧。

1995 年，28 岁的尼克·里森，英国巴林银行①驻新加坡经理，利用杠杆买进日经 225 股票指数期货合约，因日本神户大地震造成 10 亿美金亏损，致使英国巴林银行宣布破产倒闭。一家有 233 年辉煌历史的银行，毁于一个只有 28 岁毛头小伙子的杠杆交易之手。

几乎就在巴林银行事件发生的同时，中国发生了建国以来罕见的金融地震——国债 327 事件。中国国债期货交易始于 1992 年 12 月 28

---

① 巴林银行创建于 1763 年，创始人是弗朗西斯·巴林爵士。由于经营灵活变通、富于创新，巴林银行很快就在国际金融领域获得了巨大的成功。巴林银行有别于普通的商业银行，它不开发普通客户存款业务，故其资金来源比较有限，只能靠自身的力量来谋求生存和发展。1803 年，刚刚诞生的美国从法国手中购买南部的路易斯安那州时，所用资金就出自巴林银行。巴林银行的业务专长是企业融资和投资管理。尽管是一家老牌银行，但巴林一直积极进取，在 20 世纪初进一步拓展公司财务业务，获利甚丰。20 世纪 90 年代开始向海外发展，在新兴市场开展广泛的投资活动。1995 年，该行交易员尼克里森在新加坡从事日经 225 股票指数期货合约交易失败，致使巴林银行亏损 10 亿美元，不得不破产倒闭。后来荷兰国际集团以 1 英镑的象征性价格收购巴林银行，并以该名字继续经营。

日，327 是国债期货合约的代号，对应 1992 年发行 1995 年 6 月到期兑付的 3 年期国库券，该券发行总量是 240 亿元人民币。1994 年 10 月以后，中国人民银行提高了 3 年期以上储蓄存款利率，恢复存款保值贴补，国库券利率也同样保值贴补。国库券保值贴补率的不确定性，为炒作国债期货提供了想象空间，大量机构投资者由股市转入债市，国债期货市场日渐火爆。

市场上多空双方对峙的焦点始终是 327 国债品种到期价格预测，1992 年 3 年期国库券到期的基础价格已经确定为 128.50 元，但到期的预测价格还受到保值贴补率和是否加息的影响，市场对此看法不一。多空双方在 148 元附近大规模建仓，导致国债期货市场行情火爆。

1994 年至 1995 年春节前，中国开设国债期货的交易场所陡然增到 14 家。这种态势一直延续到 1995 年，与中国股票市场的低迷状态形成鲜明对照，形势似乎一片大好。1995 年 2 月，327 合约价格一直在 147.80 元至 148.30 元之间徘徊。1995 年 2 月 23 日，提高 327 国债利率的传言得到证实，100 元面值的 327 国债将按 148.50 元兑付。

在这次事件中，多头一方是中经开和众多中小散户以及部分机构。中经开公司全称中国经济开发信托投资公司，1988 年 4 月由财政部和中国人民银行批准成立，受托进行财政周转金和农综办资金管理，之后业务扩大至信贷、证券、实业投资等自营业务。在财政部发布公告前，中经开公司率领多方借利好大肆做多，一直将价格攻到 151.98 元。

作为空方的上海万国证券公司和辽宁国发集团不愿坐以待毙，通过巨额做空来绝地反击。辽国发违规大量抛空，企图压低价格，但抛单都被多方吸收，327 价格还是在上升。最后关头，抢先得知财政部将对 327 贴息消息的辽国发背弃盟友万国证券，突然倒戈，改做多头，企图继续抬高价格以减少损失。327 国债开始扭头上涨，1 分钟内竟上涨了 2 元，10 分钟后共涨了 3.77 元。

327 国债每上涨 1 元，万国证券就要赔进十几个亿。按照它的持仓量和现行价位，一旦到期交割，它将要拿出60亿元资金。毫无疑问，万国证券没有这个能力。16时22分13秒，空方主力万国证券为扭转颓势，其负责人管金生铤而走险，在最后8分钟内砸出1056万口卖单（每口面值20000元人民币的国债），把价位从151.30打到147.50元，使当日开仓的多头全线爆仓。这个行动令整个市场都目瞪口呆，若以收盘时的价格来计算，这一天做多的机构，包括像辽国发这样空翻多的机构，都将血本无归，而万国证券不仅能够摆脱掉危机，并且还可以赚到42亿元。

当天晚上，上交所确认空方主力恶意违规，宣布最后8分钟所有的327品种期货交易无效，各会员之间实行协议平仓。此事令当时赫赫有名的万国证券亏损16亿元，元气大伤，不久被重组，其负责人管金生也因此入狱6年。

1995年5月17日，中国证监会鉴于中国当时不具备开展国债期货交易的基本条件，发出《关于暂停中国范围内国债期货交易试点的紧急通知》，开市仅2年零6个月的国债期货无奈地划上了句号。中国第一个金融期货品种宣告夭折。

2004年，中国航油（新加坡）从事石油衍生品期权交易①，交易员做出错误判断，利用杠杆放空大量看涨期权。后因美国攻打伊拉克，国际油价持续攀升，致使中国航油被迫斩仓，造成5.5亿美元的巨亏。之后中国航油宣布向法庭申请破产保护令，中国航油总裁陈久霖因此在新加坡被判入狱3年。

2008年，香港上市公司中信泰富为了降低澳大利亚铁矿石项目所

---

① 期权是一种选择权。期权的买方向卖方支付一定数额的权利金后，就获得这种权利，即拥有在一定时间内以一定的价格（执行价格）出售或购买一定数量的标的物（实物商品、证券或期货合约）的权利（即期权交易）。期权的买方行使权利时，卖方必须按期权合约规定的内容履行义务。相反，买方可以放弃行使权利，此时买方只是损失权利金，同时卖方则赚取权利金。在期货交易中，买卖双方拥有对等的权利和义务。与此不同，期权交易中的买卖双方权利和义务不对等。期权的买方拥有执行期权的权利，无执行的义务；而期权的卖方只是履行期权的义务。

面对的外汇风险，签定了若干杠杆式的外汇期货合约。因爆发全球性的金融危机，当年外汇市场剧烈动荡，最终导致中信泰富在短短的几个月内亏损达91.55亿港元。公司发布外汇亏损公告后，公司股价一度暴跌7成，市值损失超过200亿港元。此次事件令中信泰富主席荣智健的资产由35亿美元缩水到了7.5亿美元。当年中国大陆在香港的多家上市公司炒外汇，也都遭遇巨额亏损。

杠杆类投资产品的本质是高风险对赌，大鱼吃小鱼，资金多者吃掉资金少者，你赚的钱就是别人输的钱，短期内容易暴赚一笔，但长期来看往往血本无归。要相信“赌者必输”这个道理。去澳门赌场看看那些参与赌博的，不少人刚开始也会赢上一些，但不久就会发现，他们最终都会输到一无所有。

保证金类交易，投资人一般会利用技术分析或者基本面分析来提高胜率，依靠概率制胜，但小概率的毁灭性黑天鹅事件①时有发生。1998年，美国长期资本管理公司雇佣了一帮获得诺贝尔奖的经济学家，借助最先进的计算机分析技术，利用60倍的杠杆沽空德国债券，做多意大利等国债券。但俄罗斯的金融风暴②引发全球金融动荡，致使其投

---

① 黑天鹅事件是指非常难以预测，且不寻常的事件，通常会引起市场连锁负面反应甚至颠覆。在发现澳大利亚的黑天鹅之前，欧洲人认为天鹅都是白色的。但随着第一只黑天鹅的出现，这个不可动摇的信念崩溃了。黑天鹅的存在寓意着不可预测的重大稀有事件，它在意料之外，却又改变一切。人类总是过度相信经验，而不知道一只黑天鹅的出现就足以颠覆一切。无论是在对股市的预期，还是政府的决策中，或是普通人日常简单的抉择中，黑天鹅都是无法预测的。谷歌的惊人成就，“9·11”事件的发生，美国的次级贷危机，我国的雪灾，都是如此。黑天鹅事件按影响范围大小分为普通黑天鹅事件与毁灭性黑天鹅事件。普通黑天鹅事件影响限于某一国家或区域（比如拉美债务危机），毁灭性黑天鹅事件影响遍及全球（比如2008年全球金融危机）。

作为毁灭性黑天鹅事件，全球金融危机不仅可能对全球金融机构、金融市场产生巨大冲击，而且可能引发全球实体经济衰退，甚至改变人类生产方式、生活方式，改变传统观念，改变人类历史进程。

② 俄罗斯从1997年10月到1998年8月经历了由三次金融大风波构成的金融危机。其特点是，金融大波动的间隔越来越短，规模越来越大，程度越来越深，最终导致两届政府的垮台，甚至波及全球，产生全球效应。三次金融大风波的根本原因是由于长期推行货币主义政策，导致生产萎缩，经济虚弱，财政拮据，一直靠出卖资源、举借内外债支撑。但具体诱因则有所不同。第一次大波动主要是外来的，由东亚金融危机波及之故，第二、三次则主要是俄政府的政策失误，引起对政府的不信任所致，国际金融炒家染指俄金融市场也是产生全球效应的一个重要原因。

资模型失效，这家声名显赫的对冲基金，在短短150余天内资产净值就下降90%，出现43亿美元巨额亏损，仅剩5亿美元，濒临破产。最后是美联储出面组织美林、摩根等15家金融机构注资37.25亿美元接管该公司，才避免了它倒闭的厄运。

虽然不支持普通投资者触碰高风险的杠杆交易，但我们仍然要感谢杠杆投机者对金融市场的贡献，因为他们为金融市场提供了巨大的流动性，是他们为实体经济提供了经营风险对冲，是他们交纳的高额手续费，供养了大批证券从业人员和交易商。

你一定要弄清楚的是，指数基金(ETF)不等于股指期货，鼓励你购买指数基金，不支持你投机带杠杆性质的股指期货。鼓励你买入股票，不支持你卖空股票①。通过长期持有指数基金，你可以享受股市整体增长带来的回报。若是进行股指期货投机，很快你将一文不名。在美国历史上，巴菲特靠买入股票而成为了世界首富，而赫赫有名的空头投机家杰西·利弗摩尔，靠卖空期货和股票经历8次破产，晚年开枪自杀结束生命。

8.高风险类：艺术品(邮票/书画/玉器/古董)

如果你是一个狂热的艺术品收藏爱好者，艺术品投资是一个不错的选择，既可以陶冶情操，又可以保值增值。俗语说：盛世藏古董，乱世藏黄金。

艺术品的增值速度是惊人的。1993年，梵高的《加歇医生》创造了8250万美元的成交记录。2010年，张大千的作品《爱痕湖》以1.008亿元成交。2011年春，齐白石的《松柏高立图·篆书四言联》更是拍出了4.255亿元的天价。目前全球最贵的艺术品是毕加索的《裸体、

---

① 卖空股票又叫做空/空头，也就是所谓的高抛低补。是指当某种股票价格看跌时，股票投资者便从经纪人手中借入该股票抛出，在发生实际交割前，将卖出股票如数补进，交割时只结清差价的投机行为。若日后该股票价格果然下跌时，再从更低的价格买进股票归还经纪人，从而赚取中间差价。

绿叶和半生像》，成交记录是 1.064 亿美元。

这里没有详细的统计数据反映艺术品投资的收益，但据业内人士估计，扣除各种手续费，艺术品投资的年化收益率接近 10%。从长期投资角度来看，这个投资收益率是非常不错的。

艺术品投资虽然收益不错，这里仍然把其归为高风险类投资，因为这一行的进入门槛非常高，投资艺术品需要炼就火眼金睛，要有很高的艺术鉴赏能力。就算是同一个画家的作品，价格差异也可能高达上百倍甚至上千倍。如果你是外行，需要提醒的是，你很容易成为被欺骗的对象，投资打水漂的可能性非常高。

2011 年媒体广为报道的一宗艺术品造假案，北京一男子花 1 万元自制金缕玉衣，骗取建设银行高达 6.6 亿元的贷款。这件假造的赝品还获得国内几位顶级鉴定专家给予 24 亿元的价值鉴定，试想这一行业的水有多深。君不见这些年造假的古董到处横行泛滥，所以在踏入这一行之前，你得仔细想想。

1.4 理清你的投资抉择

前面对各类投资品作了一个简要的分析。如果你需要一份中短期的保障，可以选择人寿类保险，但从收益的角度考虑，这类投资收益比较低。如果你不愿意承担风险，又想抵御通货膨胀对资产的侵蚀，房产、债券等保值类投资品是你的较佳选择，但从长期来看，这类投资品也仅仅能抗衡通胀而已，获得超额收益的可能性很小。如果你是艺术品狂热爱好者，艺术品收藏投资是一个不错的选择，但如果你成不了这行的专家，建议你慎重考虑。

无论如何，作为一个普通投资者，这里不支持你选择期货、股指期货、外汇（保证金交易）、权证[1]、现货黄金等保证金类或卖空类高风险投资品。这类投资品，短期可能会让你暴赚一笔，但从长期来看，胜算概率非常小，而血本无归的可能性非常高。

综合来讲，如果你愿意承担适度的风险，股票或股票类基金（包括指数基金）可以抗衡通胀，并获得超越通胀的正收益，这是你的最佳选择。在后面的章节，将和大家一起分享正确的股票投资理念，帮助投资者获得超越通胀甚至超越股票指数的收益。

---

① 权证是一种股票期权，权证持有人在规定期间内或特定到期日，有权按约定价格（行权价）向发行人购买或出售标的股票，或以现金结算方式收取结算差价。权证可分为认购权证和认沽权证。持有认购权证者，可在规定期间内或特定到期日向发行人购买标的股票，与目前流行的可转债有权转换成股票相类似；而持有认沽权证者的权利是能以约定价格卖出标的股票。

权证与股票有几大区别。首先，权证有存续期（3 ~ 18 个月），一旦存续期满，将因行权或其他原因而消失，而股票只要不退市，可以一直存续。其次，权证引入了做空机制，其中认沽权证可以通过标的股票的下跌而获利。再次，权证的风险和收益远远大于股票，权证到期不行权或不结算就血本无归，当然权证盈利时也可能是数千倍的收益。最后，权证交易采取 T+0 方式，涨跌幅限制也较标的股票相应放大。另外，权证与期货合约的区别是，权证只有行权的权利而无行权的义务，而期货到期必须交割。

第2章 扑朔迷离的投资方法

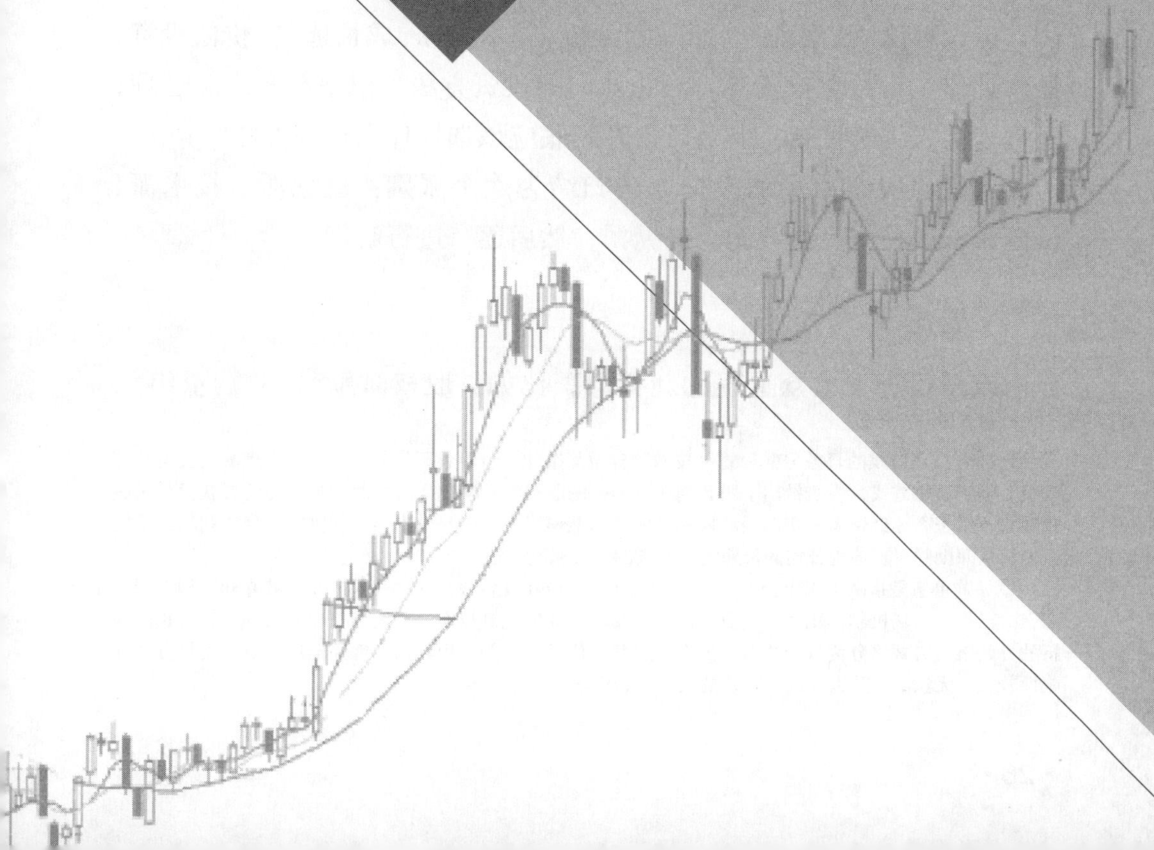

2.1 六门神诀

踏入股票市场，迎面而来的是各种扑朔迷离的投资理论和投资方法，道氏理论、波浪理论、蜡烛图分析、技术指标、成长选股、价值投资、概念炒作、指数化投资等。五花八门的投资方法，似乎都有一定道理，听起来让人头晕目眩，那么投资者到底应该选择什么投资方法?

这里将股票市场的投资方法归纳为六个派别：概念派、技术派、价值派、成长派、指数派、操纵派，然后逐一进行解剖。

1.概念派

该派投资于大众追逐的新概念，比如：股权激励①、并购重组②、

① 随着公司股权的日益分散和管理技术的日益复杂化，世界各国的大公司为了合理激励公司管理人员，创新激励方式，纷纷推出了股票期权等形式的股权激励机制。股权激励是让经营者获得公司股权形式，给予企业经营者一定的经济权利，使他们能够以股东的身份参与企业决策，分享利润，承担风险，从而勤勉尽责地为公司的长期发展服务的一种激励方法。

② 并购重组是指两个以上公司合并、组建新公司或相互参股。它往往同广义的兼并和收购是同一意义，泛指在市场机制作用下，企业为了获得其他企业的控制权而进行的产权交易活动。目前我国现行的并购融资方式可分为现金收购、证券（股票、债券）收购、银行信贷等。但这些融资支付方式局限性较大，无法满足重大并购的复杂情况和资金需求。

稀缺资源、新能源、物联网[①]、云计算[②]、高铁概念等，从概念炒作中获取收益。国内有一些知名的公募基金经理，擅长在上市公司并购重组前买入，然后在并购重组成功后迅速脱手，获得了骄人的投资业绩。也有私募基金经理在2010年的高铁概念股中获利颇丰，收益排名第一，却在随后的2011年遭遇滑铁卢，随后以解散基金告终。

2.技术派

技术派相信：已有之事，后必再有；已行之事，后必再行；普天之下已无新事，股票历史会不断重演。因此根据过去可以预测未来。

技术派还认为，关于一只股票的所有信息，都已经体现在股票走势图中，无需再向外界去寻找信息，也无需进行公司基本面分析，直接分析图表，即可预知股价的未来走势，然后运用概率制胜。

技术派的代表理论和分析方法，第一代有道氏理论、江恩理论、波浪理论、蜡烛图分析，第二代为各种技术指标的应用，第三代是电脑自动交易系统。

技术派的代表人物有理查德·丹尼斯，他创立的海龟交易法则影响了一代人，至今仍有不少追随者。1983年底和1984年初，丹尼斯在《华尔街日报》上刊登寻人广告，寻找一些愿意接受训练成为期货交易者的

---

① 物联网是新一代信息技术的重要组成部分。顾名思义，物联网就是“物物相连的互联网”。这有两层意思：第一，物联网的核心和基础仍然是互联网，是在互联网基础上延伸和扩展的网络；第二，其用户端延伸和扩展到了任何物品与物品之间，进行信息交换和通信。因此，物联网的定义是通过射频识别（RFID）、红外感应器、全球定位系统、激光扫描器等信息传感设备，按约定的协议，把任何物品与互联网相连接，进行信息交换和通信，以实现对物品的智能化识别、定位、跟踪、监控和管理的一种网络。

② 狭义云计算是指IT基础设施的交付和使用模式，即通过网络以按需、易扩展的方式获得所需资源；广义云计算是指服务的交付和使用模式，即通过网络以按需、易扩展的方式获得所需服务。这种服务可以是IT和软件、互联网相关，也可以是其他服务。云计算的核心思想，是将大量用网络连接的计算资源统一管理和调度，构成一个计算资源池向用户提供按需服务。提供资源的网络被称为“云”，“云”中的资源在使用者看来是可以无限扩展的，并且可以随时获取，按需使用，随时扩展，按使用付费。云计算产业分为三个层级，即云软件、云平台、云设备。

人。他从应征者中挑选了 80 人到芝加哥面试，最后选定 23 人从事此项训练计划。理查德・丹尼斯花了两周时间培训，毫无保留教授他们期货交易的基本概念，以及他自己的交易方法和原则。他教导学生追求趋势，先分析市场是多头还是空头，进场交易时必须做好资金管理，适当控制买卖单量，并选择时机获利出场。课程结束后，理查德・丹尼斯给每人一个 10 万美元的账户进行实战练习。在 4 年的训练课程中，23 名学生有 3 人退出，其余 20 人都有上乘表现，取得了年均 80% 的复利增长。

3.价值派

价值派注重对上市公司的财务基本面进行分析，通过分析公司利润、资产负债、现金流等指标，确定公司的价值。当公司市值远低于价值时买进，回归或超过价值时卖出。其代表人物主要有格雷厄姆和巴菲特。

格雷厄姆作为一代宗师，他的金融分析学说和思想在投资领域产生了极为巨大的震动，影响了几乎三代重要的投资者，享有“华尔街教父”的美誉。如今活跃在华尔街的数十位上亿资产的投资管理人，都自称为格雷厄姆的信徒。格雷厄姆重视公司的清算价值分析，即当公司的市值低于净资产时买进，然后通过拍卖公司资产获得收益，俗称捡烟蒂。

巴菲特重视公司安全边际分析，即通过分析公司市盈率、现金流、垄断性等，确保所购买股票足够安全，在公司遇到危机或者整体市场熊市期间大量买进，然后在市场牛市期间卖出。巴菲特在其 40 年的股票投资生涯中，保持了超过 20% 的年均复利增长，通过在股票市场投资成为了世界首富。

4.成长派

成长派注重对上市公司的管理基本面进行分析，通过分析行业成长及竞争情况、公司核心竞争力、公司治理情况、公司重大风险等，确定公司的未来成长性，买入预期成长性好的上市公司股票，然后在成长速度开始减缓前卖出。

成长派代表人物，第一代有菲利普·费雪，第二代有彼得·林奇。彼得·林奇注重购买小市值成长性公司，并发明PEG指标用来指导股票买卖。彼得·林奇在其执掌美国富达公司麦哲伦基金的13年时间内，实现了年均29.2%的复利增长，其管理的资产也由2000万美元成长至140亿美元。

5.指数派

指数派认为市场是有效①的，股票的当前价格反映的就是股票的实际价值，因此无论是技术分析还是基本面分析，都是徒劳无功的，都无法战胜市场。

曾有美国参议员用飞镖去掷一份财经报纸，拣出20只股票作为投资组合，结果这个乱来的投资组合竟然和股市整体表现相当，不逊色于专家们建议的投资组合。另有统计数据表明，华尔街有80%的基金经理业绩落后于市场指数。因此，该派认为，最佳的投资方式就是闭着眼睛投资股票指数，不用做任何分析研究，即可获得整体市场成长带来的收益。

该派的指数化投资也经历过两代发展，第一代沿用上百年的市值加权指数，第二代则是诞生不久的基本面指数。

---

① 1970年，法玛提出了有效市场假说：在一个证券市场中，如果价格完全反映了所有可以获得的信息，那么就称这样的市场为有效市场。衡量证券市场是否具有外在效率有两个标志：一是价格是否能自由地根据有关信息而变动；二是证券的有关信息能否充分地披露和均匀地分布，使每个投资者在同一时间内得到等量等质的信息。根据这一假设，投资者在买卖股票时，会迅速有效地利用可能的信息，所有已知的影响股票价格的因素都已经反映在股票的价格中。根据这一理论，股票的技术分析是无效的。

6.操纵派

操纵派无论是在发展中国家股票市场，还是在发达国家股票市场均存在，区别在于发展中国家市场非法操纵居多，而成熟的发达国家市场以合法操纵居多。

中国证监会处理的一批老鼠仓、涨停板敢死队、股市黑嘴等，就是典型的非法操纵。1992 年的英镑危机、1997 年的东南亚金融危机，国际金融大鳄索罗斯率领投机资金狙击英镑、泰铢，做空港元，都是典型的合法操纵案例。

概念派和技术派很容易成为操纵派屠宰的对象，因为操纵派通常创造技术图形欺骗技术派，通过媒体放话创造投资概念欺骗概念派。而操纵派往往无法撼动价值派、成长派、指数派，因为这三派都拥有让操纵派原形毕露的照妖镜。

2.2　市场究竟有没有效?

每一种股票投资方法，似乎都有大功告成之人，也有惨烈失败之人。作为一个普通投资者，你需要选择一个相对简单而又长期有效的投资方法。在帮你做出正确的选择之前，让我们先弄清楚一个问题：市场到底是有效还是无效的?

学院派的经济学专家们，大多信奉有效市场理论。学院里教授的金融课程，无论是投资分析，还是衍生品，都是建立在有效市场理论基础之上的。该理论认为：所有投资人都是理性的，他们都会做出理性并且正确的投资决策。在众多精明投资者的竞争下，每一个当前或者是未来影响股票价格的信息，都已经体现在当前的股票价格中，因此股票的当前价格反映的就是股票的实际价值。无论是技术分析还是基本面分析，都是徒劳无功的，都无法战胜市场。

目前，有效市场理论进一步发展成三种形式：弱式有效市场假说、半强式有效市场假说和强式有效市场假说。

弱式有效市场假说认为：当前市场价格已经充分反映出股票所有过去的历史信息，所以技术派的方法已经失去作用，但价值派和成长派的基本分析还能帮助投资者获得超额利润。

半强式有效市场假说认为：当前市场价格已经充分反映出所有已公开的关于公司运营的未来信息，技术分析和基本分析都将失去作用，技术派、价值派以及成长派都没了用武之地，只有内幕消息可以获得超额利润。

强式有效市场假说认为：当前价格已经充分反映了所有关于公司营运的信息，这些信息包括已公开的或内部未公开的信息，因此没有任何方法能帮助投资者获得超额利润。

价值派投资人巴菲特坚决反对市场是一直有效的。他认为：如果市场是一直有效的，就不会有他今天的投资成就。而有效市场理论的信奉者们却指出，巴菲特的投资成功本身是一个随机的小概率事件。

他们假设，在20年中，如果每年都举办一次大猩猩抛硬币比赛，第一年有2.25亿只大猩猩参加，每年胜利的大猩猩继续参加下一年的比赛，20年结束后，会有215只大猩猩连续20年成为赢家。这215只胜利的大猩猩，可以骄傲地到处吹嘘它们连续战胜市场的秘笈，但这不过是一个随机的小概率事件而已。

巴菲特则反驳说，如果这215只大猩猩当中，有40只都集中在奥马哈动物园，那你就会意识到这绝非偶然，一定是奥马哈动物园的某种必然因素在起作用。

巴菲特认为有效市场理论不堪一击的主要原因在于：1）投资者并不总是理智的；2）投资者对信息不能正确分析；3）股价反映的只是“当

前”而不是“长远”。

近些年，有经济学家通过大量统计研究发现，金融市场存在典型的下列效应：短期惯性效应、长期反转效应、小市值效应、季节效应等。

短期惯性效应是指在一定短时间内（3 ~ 12个月），股票的收益率有延续原来运动方向的趋势，即过去收益率较高的股票，未来获得的收益率仍会高于过去收益率较低的股票。基于股票惯性效应，投资者可以通过买入过去收益率高的股票，卖出过去收益率较低的股票，获得超额利润。

长期反转效应是指在中长期内，过去收益率较高的股票，未来获得的收益率将会低于过去收益率较低的股票。基于反转效应，投资者可以通过买入过去收益率低的股票，卖出收益率较高的股票，获得超额利润。

小市值效应是指投资于小市值公司的股票，获得的收益会高于大市值公司的股票。

行为金融学对金融市场的参与者从心理和行为角度进行研究，认为投资人存在认知、情绪与行为偏差，从而存在对信息反应不足和反应过度，这些研究成果，成功地解释了这些效应的存在。金融市场存在的这些效应，也明显否定了有效市场理论。

从前面的归纳中你会发现，股票市场存在六个派别的投资方法，除价值派以外，其他五个派别通常不进行价值分析。在一个多数派别都不进行价值分析的市场，价格偏离价值是很自然的。即便是价值派的大师也说，没法做到完全精确地评估一个上市公司的价值，仅能做到模糊正确。更何况千人千评，不同的人得出不同的价值评估结果，是再正常不过的事情，所以股票价格偏离价值是常有的事。

一家公司的基本面应该是相对稳定的，所以其价值应该不会经常发生剧烈波动。但金融市场无论是个股还是整体市场，都会经常发生剧烈的波动，甚至阶段性发生金融危机，这表明价格经常会偏离价值。

因此至少从短期来看，有效市场理论是不成立的，六个派别的投资方法自然就有了获利的空间。

2.3 到底谁是胜利者?

金融市场其实就是一个投资与投机的混合体，概念派、技术派和操纵派一般不分析公司基本面，经常进行短期频繁交易，导致股价短期剧烈波动，我们把这三派归入投机派。

价值派和成长派特别重视公司基本面分析，加上指数派，都很注重中长期投资，对股价短期波动影响小，我们把这三派归入投资派。

股票市场有一种通常的说法：一赚二平七亏。如果采用傻瓜式的投资方法投资股票指数，长期来看，年平均复利回报应不低于 10%，那为何还有高达 7 成的投资人亏损的说法？回头看看身边炒股的人，确实大部分人都在亏损，似乎印证了这个说法是对的，那么到底是什么原因？

当你做一下调研会发现，大部分长期亏损的人都属于概念派和技术派的人。这两派经常进行短期频繁交易，一方面为证券公司贡献了大量的手续费，另一方面还经常被操纵派欺骗和屠宰。

我们用技术派的技术分析举一个例子。比如你通过技术分析认为 A 点可以买进，可操纵派可以把价格打到 B 点。于是你进一步认为 B 点可以买进，操纵派却可以把价格打到 C 点，一直打到你认输斩仓为止。所以技术派的人常常迷惑，为何刚刚在 C 点斩仓，行情就反转了！道理很简单，你不在 C 点斩仓，操纵派的收益就没法兑现，只有打到你斩仓了，他的收益才能兑现。如果你坚持在 C 点不斩仓，操纵派还会一直打下去。

图2-1

概念派则经常会被操纵派忽悠在高位接盘。操纵派把股价拉到高位想出货了，就开始通过媒体放话，为概念派描述美好的蓝图，让概念派群情激昂，对这只股票的未来充满无限美妙的想象，并且还创造一种紧张的氛围，使你感觉到再不买就失去了机会。就这样，概念派掉进了操纵派设置的陷阱。

指数派傻瓜式的投资方法，轻轻松松地获得了整体市场的平均收益，而概念派和技术派频繁地短期交易，为证券公司贡献了大量手续费的同时，还挨了操纵派的屠宰。所以这两派通常属于那些亏损的人，他们的业绩通常会输给整体市场，基本上跑不过指数。

通过前面的分析，似乎操纵派就可以任意地控制市场，好像他们是绝对的赢家。可你别忘了，螳螂捕蝉，黄雀在后。天外有天，人外有人。证券市场就是一个噬血的资本市场，是一个大鱼吃小鱼的血腥世界，操纵者很可能被比他更大的操纵者操纵，最后的结局就是惨败，就像早期的投机家杰西·利弗摩尔经历 8 次破产一样。长期来看，操纵派最终也会成为市场的奉献者，他们中的绝大多数人最终也跑不赢市场指数。

指数派从市场的整体成长中获益。

价值派则在危机期间买入安全边际很好的公司股票，在牛市期间卖出。价值派可以获得两部分收益，一是价值回归的收益，二是持有期间的成长收益，如表 2–1 所示。这两部分加起来是超越整体市场成长的，因此价值派获得了超越指数的收益，他们是战胜市场的胜利者。

表2–1 价值派投资收益表[①]

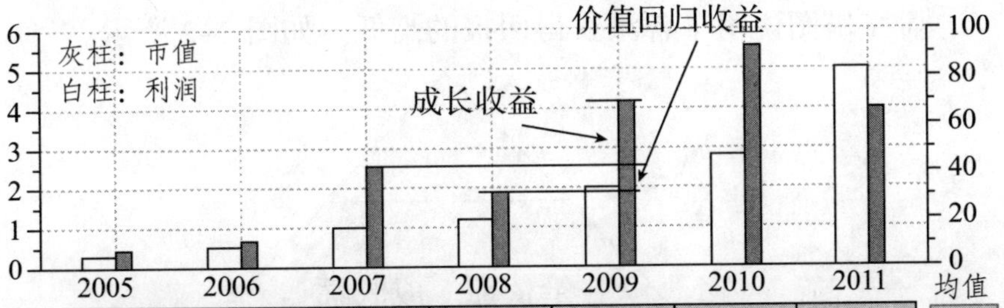

	2005	2006	2007	2008	2009	2010	2011	均值
利润增长率	6	61	89	20	67	42	77	48
市盈率	25	23	43	26	35	33	13	30

成长派则通过持有优秀成长公司的股票，获得快速成长的回报。优质成长公司的股票涨幅是远超指数的，所以成长派也是战胜市场的胜利者。如表 2–2 所示。

① 本书所有柱状图最近一年数据均为移动年数据，因此计算均值时未包含在内。

表2-2 成长派投资收益表

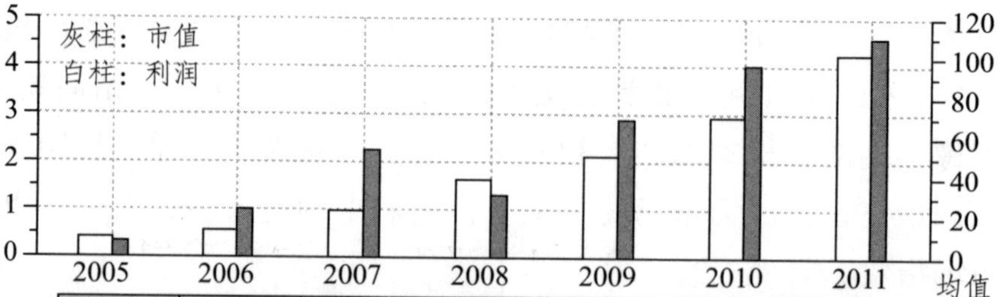

	2005	2006	2007	2008	2009	2010	2011	均值
利润增长率	24	44	71	72	33	39	46	47
市盈率	19	42	57	19	32	33	26	33

整体来看投资派是市场的赢家，投机派是市场的输家。所以你可以经常看见价值派投资者巴菲特的长期辉煌战绩，也可以经常看见成长派投资者彼得·林奇的长期辉煌战绩，却鲜有看见概念派、技术派、操纵派的长期辉煌战绩。

金字塔图说明了各派获得回报的高低，如图 2–2 所示。

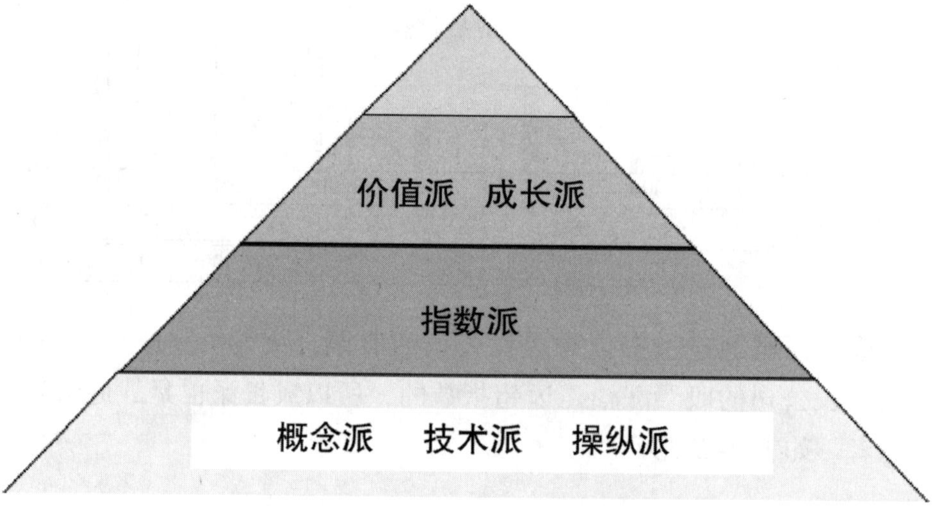

图2–2 投资收益金字塔图

2.4 股市的照妖镜?

前面说到，操纵派往往无法撼动价值派、成长派、指数派，因为这三派都拥有让操纵派原形毕露的照妖镜。

那这面照妖镜是什么？答案就是：长期持有。

操纵派没有长期持有的耐心，都是速战速决，短时间内获利了结。通常操纵派操纵一只股票的时间不会超过 1 年，而价值派、成长派、指数派持有股票的时间会超过 5 年，甚至 10 年。巴菲特曾经说过：好股票要终身持有。这么长的持有时间，任操纵派翻江倒海，任市场地动山摇，这三派都不为所动，所以操纵派拿这三派一点办法都没有！

1.价值派的照妖镜

价值派的百宝箱里有几面照妖镜（指标）：市净率、市盈率、市现率、现金流折现法，价值派通过这几个指标来评估一只股票的价值。当股票价格远低于价值时买入，在股票价格回归价值时卖出。

价值的评估方法分为相对评估法和绝对评估法，市净率、市盈率、市现率属于相对评估法，拿这几个指标和该股票的历史数据对比，或者和该行业其他公司对比，通过比较来确定当前价格的高低。现金流折现法则是绝对评估法，是将公司预估的未来现金流折算为当前值，得出当前公司的价值。

（1）市净率

市净率计算公式：市净率 = 总市值 ÷ 净资产。

市净率是指一只股票的总市值与公司净资产的比率，用于反映股票市值相对公司净资产的泡沫程度。

价值派的开山鼻祖格雷厄姆，早期专门寻找市值小于净资产的公司，即市净率小于 1 的公司，购买之后通过出售资产获得收益，俗称捡烟蒂。

该指标适用于以土地、房地产或酒店为主的资产型公司，也适用于困境型公司。该指标在熊市时期也有重要参考意义，但不能拿不同行业的市净率进行对比，因为各行业之间的资产结构不同，导致该指标差异很大。

（2）市盈率

市盈率计算公式：市盈率＝总市值 ÷ 净利润。

市盈率是指一只股票的总市值与公司净利润的比率，用于反映股票市值相对公司净利润的泡沫程度。

市盈率可用于分析除周期性行业以外其他所有行业的股票，特别适用于稳健成长的大市值公司。

该指标在牛市期间更值得借鉴，但不适用于快速成长型小公司，也不适用于亏损型公司。特别强调不适用于冶金、能源等资源型公司，因为这类公司的股价通常呈现周期波动，市盈率最低的时候往往是股价最高的时候。

（3）市现率

市现率计算公式：市现率＝总市值 ÷ 经营净现金。

市现率是指一只股票的总市值与公司经营净现金的比率，用于反映股票市值相对公司经营净现金的泡沫程度。

现代会计制度采用权责发生制原则，不是按现金的当期实际收入与支出来确认收入与费用，这就会导致出现这种情况：一家账面盈利的企业，很可能现金流是入不敷出的。现金流是现代企业的血脉，关系到一家公司的存亡，国际上有不少因现金流不足而破产的企业，企业利润却还是正的。

市现率一方面可以反映一家公司股价的泡沫程度，另一方面还可以反映一家公司现金流的健康程度。但真实世界中，很多公司的现金流波动剧烈，非常不稳定，所以通常采用经营净现金代替现金流进行分析。即便如此，经营净现金仍然不是很稳定，所以市现率通常适用于分析现金流稳定的稳健成长型公司，不适用于现金流不稳定的企业。

（4）现金流折现法

现金流折现法，是指将公司预估的未来所有现金流折算为当前值，然后和当前市值进行比较，以判断是否买卖。

投资大师巴菲特特别推崇现金流折现法，认为该方法是唯一正确的估值方法。但折现现金流法和市现率一样，适用于有稳定现金流的公司，而股市中有稳定现金流的公司并不多见。

另外，对未来若干年现金流的预估，是件非常困难的事情，预估数值可能和实际数值相差非常巨大。

2.成长派的照妖镜

成长派的百宝箱里也有几面照妖镜：销售增长率(营业收入增长率)、净利润增长率、净资产增长率、市销率、PEG。

成长派通过这几个指标判断公司过去的销售、利润、资产增长情况，选出过去的优质成长公司，然后再分析这些公司的行业成长及竞争情况、核心竞争力、公司治理情况、重大风险等，确定公司未来的成长性，以便买入预期成长性好的上市公司股票。

（1）销售增长率/净利润增长率/净资产增长率

如果公司成本上升很快，尽管销售增长了，利润未必增长，因此这三个指标要结合起来看，而且考察时间应不少于5年。短期容易造假数据，长期造假则很困难。

不用担心错过购买优质成长公司股票的机会，一家真正优秀的成长型公司，可以保持几十年的稳健成长。例如可口可乐公司，就保持了上百年的成长。

增长速度也需要稳健，不能太快。增长太快的公司，一旦驾驭不住，很容易“车毁人亡”。成长派投资大师彼得·林奇特别喜欢增长率处于20%～30%之间的公司。

（2）市销率

市销率计算公式：市销率 = 总市值 ÷ 营业收入。

市销率是指一只股票的总市值与公司销售额（营业收入）的比率，用于反映股票市值相对于公司销售额的泡沫程度。

市销率适用于成本增长和销售增长基本同步的公司，若成本增长明显快于或者慢于销售增长，那么该指标不具有参考意义。快速成长的小市值公司、亏损型公司以及周期型公司由于利润不稳定，不适合用市盈率来分析，但适合用市销率来进行分析评估。同样，市销率不能在不同行业之间进行对比。

成长派的开山鼻祖菲利普·费雪的儿子肯尼思·费雪，非常推崇利用该指标来选择成长股。

（3）PEG

PEG 计算公式:PEG= 市盈率 ÷ 净利润增长率。

PEG 是指一只股票的市盈率与净利润增长率的比值，用来衡量成长型公司的股价泡沫程度。

该指标是成长派投资大师彼得·林奇发明的，彼得·林奇特别喜欢买入 PEG<0.5 的快速成长型公司。他认为，当 PEG>2 时，股价泡沫很高了，需要将手中的股票脱手。

这里特别强调，该指标不适合分析周期型公司或者困境型公司。

3.如何使用照妖镜？

如何使用价值派的照妖镜？我们拿浦发银行（600000）的案例来说明。

2004 年，浦发银行的市盈率和市净率分别是 14 和 2，2007 年的市盈率和市净率分别是 42 和 8.1。2007 年的市盈率是 2004 年的 3 倍，2007 年的市净率是 2004 年的 4 倍，可想而知 2007 年的泡沫有多严重。按照价值派的投资原则，2007 年会大量卖出，而不是买入。

受全球金融危机的影响，2008 年浦发银行的市盈率跌到 6，市净率跌到了 1.8，创下了历史低位。按照价值派的投资原则，这时候是买入的绝佳时机。

从图中可以明显看出，价值派凭借市盈率、市净率等照妖镜，成功避开了 2007 年的泡沫，并在 2008 年获得了低位加仓的绝好时机。

表2-3　浦发银行市盈率

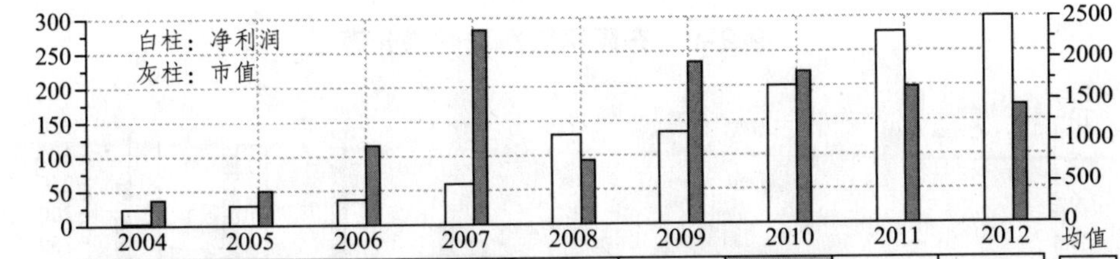

	2004	2005	2006	2007	2008	2009	2010	2011	2012	均值
市盈率	14	15	28	42	6	14	9	6	5	17

表2-4　浦发银行市净率

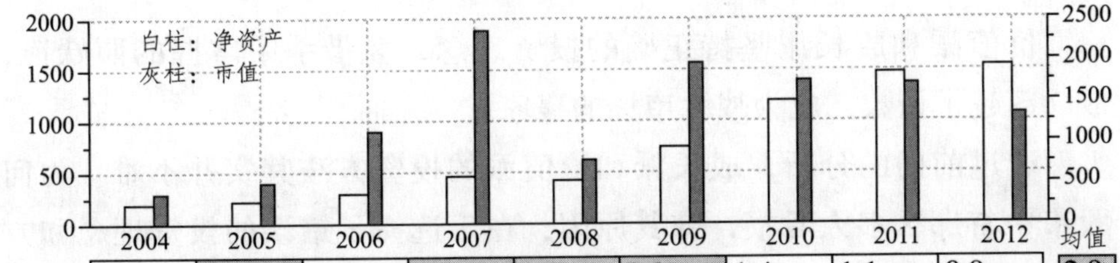

	2004	2005	2006	2007	2008	2009	2010	2011	2012	均值
市净率	2	2.5	3.8	8.1	1.8	2.8	1.4	1.1	0.9	2.9

如何使用成长派的照妖镜？我们再来看看东阿阿胶（000423）的例子。自 2004 年开始，东阿阿胶保持年均 18% 的销售增长率，同时保持年均 33% 的净利润增长率。从表 2-5、2-6 明显可以看出，销售额和利润均保持一个适中的增长速度。成长派可以依此判断公司过去的销售及利润是稳健增长的，属于典型的优质成长公司。

接下来再分析公司的行业成长及竞争情况、核心竞争力、公司治理情况、重大风险等。若公司无重大经营风险，并且具有核心竞争力，东阿阿胶即可纳入优质成长股票池。

表2-5　东阿阿胶销售增长率

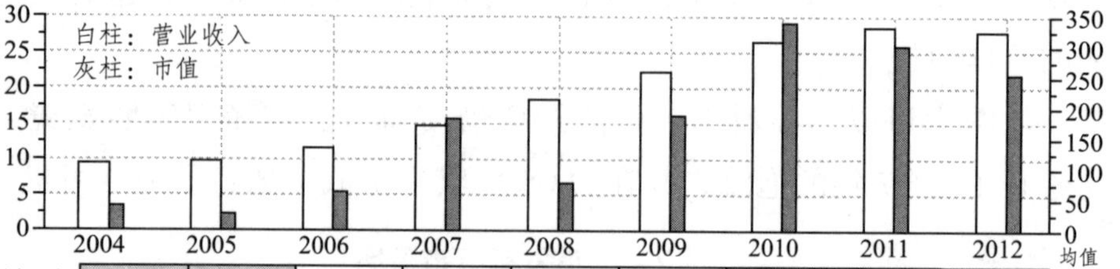

	2004	2005	2006	2007	2008	2009	2010	2011	2012	均值
销售增长率		6	14	29	22	23	19	12	0	18

表2-6　东阿阿胶净利润增长率

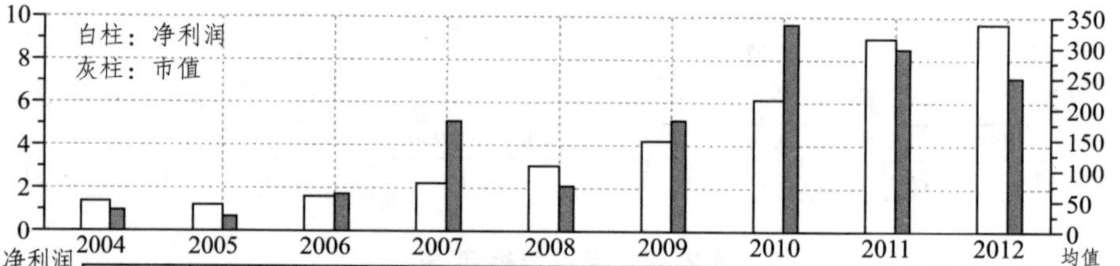

	2004	2005	2006	2007	2008	2009	2010	2011	2012	均值
净利润增长率		–16	40	34	39	37	48	47	7	33

价值派和成长派坚持正确的投资理念，凭借手中掌握的照妖镜，成功超越了指数，成为战胜市场的赢家。

通过前面的分析，成长派和价值派的投资方法其实并不难。为何股市中有那么多人亏损，究其原因，在于选择了错误的投资理念和方法。投资者需要放弃短期赚快钱的诱惑，果断抛弃投机派，加入到投资派当中。只要选对了投资方法，你同样可以成为股市的大赢家。

第3章 成长：通向天国的阶梯

3.1 股市终结者

价值派教父格雷厄姆，早期通过市净率等指标在股市捡烟蒂，获得了不菲的收益。随着他的投资方法公开，股市捡烟蒂的人越来越多，最后烟蒂被捡得干干净净，导致格雷厄姆晚年放弃了他创造的价值投资理念，转而信奉有效市场理论。有趣的是，个别有效市场理论的早期开拓者，在20世纪90年代却放弃了有效市场理论，这就是股市投资的吊诡之处。

价值投资派大师巴菲特继承了格雷厄姆的投资理念，同时也吸收了成长派教父菲利普·费雪的成长股投资理念。巴菲特本人说：我的血管里85%流淌着格雷厄姆的血液，15%流淌着费雪的血液。巴菲特认为价值投资仍然是核心，他说：投资时，安全边际必须放在首位进行考虑。

前面已经分析过，市场并非是一直有效的。价值派的投资方法可以获得超额利润，但我们必须看到，价值派的创始人最终放弃了价值投资理念，其继承人也吸纳了成长派的投资方法。看看巴菲特的持股清单，你甚至可以认为他是一个成长派的忠实信徒。

当价值派的投资方法为主流投资人所使用时，大多数时间里，股市烟蒂确实越来越稀少，只有在个股、行业或者整体股市危机困顿期间，才会出现比较多的烟蒂，这也是价值投资者越来越多地选择在熊市期间投资的原因。在他们看来，熊市是价值投资者的春天，所以巴菲特会在 2008 年金融危机期间大量吃货买进。

对优质个股来讲，价格可能长期存在泡沫，一直不给价值投资者买进的机会，比如巴菲特就错过微软、思科、苹果、谷歌等大牛股。整体股市甚至也可能维持长期牛市状态，比如美国股市在 1981 年到 2000 年间，实现了长达 20 年的持续牛市增长，这期间仅仅在 1987 年 10 月 19 日出现过短暂的单日暴跌 508 点（跌幅超过 20%）事件[①]，而且很快就恢复到上升通道中来。一个真正的价值投资者，这期间只能眼巴巴地看着一批又一批的优质个股股价一飞冲天。在 20 年的漫长时间里找不到投资机会，那是何等的痛苦和煎熬！

股票的本质是成长。你买了一家稳健增长并持续盈利的公司的股票，等于购买了一台源源不断为你创造财富的机器。投资美国股市，股价上涨再加上分红再投资，在上百年时间里，投资者可以获得高达 10% 的年均复利回报。同样，投资英国股市，上百年的时间也实现了 10.2% 的年均复利增长。

通过投资优质成长公司，成长派投资人彼得 · 林奇在 1977 年到 1990 年的 13 年间，获得了年均 29.2% 的复利收益。同期巴菲特持有的优质公司股票，也实现了年均 27.6% 的复利增长。股票投资的根本魅力在于长期成长，失去了成长，股市就失去了光环，所有投资派别的投资方法，都再也没有了用武之地。

---

① 1987 年 10 月 19 日（星期一）纽约股市发生股灾，当日道琼斯工业平均指数大幅下跌 508 点（逾 20%），是纽约股市历史上第二大单日跌幅。全球股市在纽约道琼斯工业平均指数带头暴跌下全面下泻，引发金融市场恐慌，史称“黑色星期一”。很多人在股灾后感到奇怪，因为当日根本没有任何不利股市的消息或新闻，因此下跌看似并无实在的原因。当时很多人怀疑是羊群心理、市场失败或经济失衡引致股灾，这些说法至今仍在争论之中。

美国先锋公司创始人约翰·博格尔研究发现，整个20世纪，美国股票市场10.4%的平均年收益率可以分解为：5%来自分红，4.8%来自盈利增长，只有0.6%来自市盈率的变化。换句话说，经历一个长时间的跨度，成长投资的收益远高于价值投资的收益。

另一方面，股市也是一台泡沫制造机。在股市，要习惯与泡沫为伍，价值派在股市稍有泡沫就卖出，很容易失去大牛市的成长机会。成长派在适度泡沫期间也会持续买进优质成长公司股票，除非是到了泡沫的巅峰期，才会考虑卖出。因此成长派能够一直跟随股市成长的步伐，获得大牛股或者大牛市长期成长的收益。

例如东阿阿胶（000423），哪怕是2007年整体股市泡沫巅峰期买进，虽然2008年金融危机致使股价下跌超过60%，但随后的2009年上涨，股价反而超过2007年的最高点，之后一路上扬。

对于优质成长股而言，哪怕你买在一轮最糟糕的牛市泡沫期巅峰，只要坚持持有，到下一轮牛市泡沫巅峰期，随着公司的成长，你也不会有损失。

彼得·林奇说过：不管某一天股市下跌508点还是108点，优秀的公司最终将会胜利，而普通公司将会失败。因此，踏上优质公司的成长步伐，成长派将是终极获胜者。

至此，可以把巴菲特的说法修改一下，作为你的终极投资指引：让身体里85%流淌成长派的血液，15%流淌价值派的血液。

3.2 怎样保持长期成长

强有力的成长性是多么的具有诱惑力！如果一家公司每年能成长15%，5年后它的利润就将翻一番。遗憾的是，许多公司经历连续数年强有力的利润增长后，往往变得不那么强劲。也就是说，有高利润增长历史记录的公司，未来不是必然保持高速增长，你不能仅仅凭着过去的连续增长预测公司的未来。

那么究竟是什么因素，使得一家公司未来还能继续保持强劲增长呢？让我们来做进一步的探索。

众所周知，每家公司都会面临激烈的市场竞争，只有竞争中的胜利者才能取得成长。被竞争对手击败，非但不能成长，而且还要面临衰败甚至破产的命运。

从 2008 年开始，诺基亚股票陆续从伦敦、法兰克福、巴黎以及斯德哥尔摩证券市场摘牌退市。2012 年 4 月 11 日，因连续出现巨额亏损，诺基亚股票单日暴跌 17%，市值一天之内缩水 50 亿美元，退回到 1997 年的水平。2012 年 5 月 9 日，由于资金不足，诺基亚宣布卖掉其美国纽约总部。

曾经红极一时的手机市场带头大哥，为何开始出现衰退？其原因在于设计上被竞争对手苹果和三星超越，丧失了曾经引以为傲的竞争优势。

2007 年 6 月 29 日，苹果公司旗下的智能手机 iPhone 正式上市。该手机凭着卓越的设计，在高端智能手机市场开启了崭新的苹果时代。在中低端智能手机市场，韩国三星公司异军突起，在设计上追随时代的潮流，赢得消费者的认可。在两个竞争对手的步步紧逼下，诺基亚的市场占有率迅速下滑，踏上了衰退的步伐。

太多的案例说明，在激烈的市场竞争中，一旦丧失了竞争优势，就会踏上衰退之路。

大量研究表明，要让一家公司保持长期的强劲增长，一是必须具有可长期增长的市场，二是必须具有可持续的竞争优势。可长期增长的市场，保障公司有足够的开拓成长空间；可持续的竞争优势，保障公司在竞争中立于不败之地。

3.3 可长期增长的市场

什么样的市场才是可长期增长的市场呢？研究分析发现，有四类市场通常是可长期增长的市场，一是需求持续增长类市场，二是快速消费类市场，三是信息技术类市场，四是可持续提价类市场。

1.需求持续增长类市场

经济的持续发展使得人们越来越富裕，全球化使得产品可以销售到本国以外的市场，加上人口持续不断的增长，这三个因素促使很多行业保持了稳健快速的增长。

在一个需求持续增长的市场，饼越做越大，各家公司不用进行你死我活的竞争，分得的饼会也越来越大，从而维持不少公司的持续增长。这些年中国经济的快速发展，就带动了家电、汽车等行业的整体快速成长。家电行业虽然竞争激烈，但美的、格力、海尔、海信等一大批公司，都取得了不错的增长业绩。

投资这类公司的股票，公司以更低的成本或价格提供优质的产品或服务非常关键，虽然这类市场容量很大，并且维持稳健增长，但参与竞争的公司众多，竞争往往非常激烈，容易打价格战。竞争到最后，大家的品质、技术甚至服务差异并不大，最后胜出的往往是那些通过工艺或流程改造保持较低成本的竞争者。

另外，还要尽量避免投资那些市场空间狭小，需求即将减缓或停滞，以及即将没落行业的公司股票。像机场、港口、旅游景点类上市公司，虽然具有独一无二的地理位置优势，但不能像连锁企业那样将产品销售扩展到其他的区域，市场开拓空间具有非常大的局限性，所以这类公司也产生不了大牛股。

2.快速消费类市场

食品、饮料、服装、化妆品、日用品等行业，就属于快速消费类市场。巴菲特非常喜欢投资这类市场。

快速消费类市场发展空间特别巨大。在全世界任何国家，快速消费类产品都是消费必需品，不会因为战争或者政治动荡出现萎缩。一家公司的优质快速消费产品可以销往世界各地，这些公司往往是大牛股的集散地，比如麦当劳、肯德基、星巴克、雀巢、可口可乐、耐克等。

投资这类公司的诀窍就是：选择大众所熟悉并高度认可的品牌。

3.信息技术类市场

互联网、软件等属于这类市场。

这些年，美国诞生了大量这类企业，比如谷歌、亚马逊、甲骨文等，中国的腾讯、百度、网易、用友软件等，也属于这类企业的典范。

信息技术类市场的增长处于上升阶段，增长往往会维持相当长一段时间。这类公司成功的关键在于：建立较高的转换成本，牢牢锁定消费者。比如你一旦用上了QQ，你就不可能再转头使用MSN，因为QQ里的很多朋友不可能随你一起转到MSN去。你用惯了微软的Office软件，你就不愿意再去使用别的办公软件。一家公司如果使用上了甲骨文的ERP，几乎不太可能再去换成别的ERP系统，因为转换的代价太大。

巴菲特一般不投资这类市场，原因主要是受到他的能力圈原则影响。他通常不投资信息技术这类他不熟悉、不了解的行业，但这并不妨碍你对这类市场的投资。年轻一代通常都比较熟悉信息技术类市场，甚至对信息产品的使用也非常熟练，因此你完全可以做出正确的投资判断。比如你在使用QQ的过程中，就知道它的粘性有多大。QQ庞大的高粘性用户群，将是推动它长期成长的动力源泉。

4.可持续提价类市场

烟草、酒类、奢侈品等就属于这类市场。

产品可以持续提价的企业，即使销售量增长遇到了天花板，企业仍然可以通过持续的产品提价提高销售额和利润。烟草属于垄断专营，所以拥有提价权。奢侈品有独特的奢侈品牌作保障，也拥有提价权。酒类因消费者口味偏好，不会轻易改变品牌，所以也拥有提价权。像贵州茅台（600519），拥有世界上独一无二的酱香型口味，还拥有世界上独一无二的发酵环境，所以贵州茅台的销售价，即使由早期的上百元陆续提价到上千元价格，市场上照样供不应求，股价也表现得一枝独秀。

投资这类公司的关键，在于企业是否建立了较高的进入壁垒，能够把竞争者挡在门外。像消费电子类产品，由于面临激烈的市场竞争，以及新技术和新产品更新换代的冲击，不但提不了价，价格反而一路走低。虽然食品、饮料、日用品等也拥有提价权，但它们属于被动提价权，因为这类企业的价格是由整体市场通货膨胀情况决定的。当然，这类企业也可以归类为可持续提价类，因为通货膨胀是长期持续存在的。

3.4 可持续的竞争优势

可持续的竞争优势，可以保障公司在激烈的市场竞争中立于不败之地。那么什么样的竞争优势，才是长期可持续的竞争优势呢？

前面分析时也提到了，主要有以下几个方面：一是以更低的成本或价格提供产品或服务，二是公司建立了差异化的产品品牌，三是创造了较高的转换成本，锁定了消费者，四是建立了较高的进入壁垒，把竞争者挡在门外，五是优秀的公司治理能力将竞争对手甩在后面。

1.以更低的成本或价格提供产品或服务

在竞争激烈的市场，很容易打价格战，竞争到最后，大家的品质、技术，甚至服务差异并不大。这个时候往往谁的价格最低，消费者就买谁的东西，所以胜利者往往是成本最低的竞争者，比如戴尔、沃尔玛就是典型范例。

那么是什么原因使得一家企业的成本维持较低水平呢？大量案例研究发现，通常有几个方面的原因：一是通过管理和流程变革降低了成本。二是拥有地理位置优势，使得成本很低。三是拥有资源优势，使得成本很低。四是拥有庞大的规模优势，使得成本很低。

下面通过几个案例来看看。

在20世纪80年代中期，IBM卖一台电脑，其中2/3的利润给中间代理商赚走了，这让正在上大学的戴尔看到了商机。针对传统销售组织的不足，戴尔开始了自己的事业：改进电脑销售过程，把电脑直接销售到使用者手上，去掉零售商环节，把零售商的利润空间让渡给消费者。同样一台电脑，IBM卖2000美元，戴尔就卖700美元。这一销售模式的革新，让戴尔赚得了第一桶金。

在随后的企业发展中，戴尔通过几个方面对管理和流程进行变革，大力降低成本：第一，建立强大的订单处理系统和生产体系。第二，建立强大的数据处理能力和先进的信息化管理系统。第三，建立强大的呼叫中心服务。第四，建立强大、高效的供应链。通过四方面管理和流程变革，以及创新销售模式，戴尔成为了世界性的IT巨头。

沃尔玛也是通过管理和流程变革降低成本，从而使一家位于美国阿肯色州的零售店，成为全球最大零售连锁企业的典范。和竞争对手比较，沃尔玛至少提前10年将信息科技和物流系统进行了整合。

早在20世纪70年代，沃尔玛就开始使用计算机进行管理。20世纪80年代初，他们又花费4亿美元购买商业卫星，实现了全球联网。20世纪90年代，沃尔玛又采用全球领先的卫星定位系统，控制公司的物流，提高配送效率，从而降低了物流成本。相较竞争对手凯马特，沃尔玛的经营成本要低5%。借助信息科技对物流、供应链等环节的持续变革，沃尔玛做到了成本最低，价格最便宜。帮顾客节省每一分钱，让沃尔玛赢得了顾客的信任。

水泥、石材类产品运输成本比较高，通常市场销售范围在300公里以内，超出这个范围，在价格上难以和其他区域的公司竞争。同样，其他区域的产品也难以运输到本区域范围内销售。这样，区域内的公司就因地理位置拥有了成本优势，所以这些年水泥行业产生了很多大牛股。

国阳新能（600348）、盘江股份（600395）两家煤炭企业，就属于拥有资源优势而成本较低的典型代表。国阳新能位于中国煤炭储量最丰富的山西省，公司拥有巨量的煤炭储备，还具有靠近北方经济最发达地区京津唐的地理优势。盘江股份位于中国煤炭储量也非常丰富的贵州省，公司拥有的煤炭储量较高，并且也有优越的地理位置优势，位于南方经济发达的两个地区：珠三角地区和成渝经济区之间。这两家煤炭企业的资源优势，是中国其他地区的煤炭企业无法比拟的。

庞大的市场规模优势，也可以使公司经营成本降到很低。比如相较AMD，英特尔有庞大的市场销售量作为支持，芯片的单位成本就低很多。在同样的销售价格下，英特尔就拥有更大的利润空间。

另外，像快递类公司，一旦建立了庞大的快递网络，也能够以较低成本提供服务，从而战胜规模较小的公司，UPS就是成功的典范。

2.建立了产品差异化的品牌

食品、饮料、服装、化妆品、日用品等快速消费类行业，建立可持续竞争优势的关键是：对消费者建立可感知的差异化品牌。拥有一个差异化品牌的奇妙之处是，消费者一旦接受了它，就会长期使用下去，并且认为比其他公司的产品和服务更好，不管这种差别是否真的存在，都会感到有些细小的差别。

提起麦当劳，你立刻会想到麦当劳叔叔、巨无霸汉堡包。说到可口可乐，你一定对其独特的碳酸味和开瓶冒泡的情景印象深刻。看到耐克的品牌标志，脑海中会闪现绿茵场上足球明星射门时的慢镜头。这些公司之所以让你印象深刻，是因为它们通过长期的市场营销，建立了不同于其他公司的差异化品牌形象。

快速消费类企业通常面临激烈的市场竞争，只有通过差异化的品牌营销方法，让品牌形象深深植根于消费者的脑海中，才能在激烈的竞争中力压群雄，立于不败之地。

下面通过一个小故事，来看看贵州茅台在消费者心中建立了什么样的品牌形象。

1915 年，美国为了庆祝巴拿马运河通航，在旧金山举行了“巴拿马万国博览会”，贵州茅台作为名优特产品送展。展会上，茅台酒以其特有的优点征服了各国的评酒专家，被誉为世界名酒，与法国科涅克白兰地、英国的苏格兰威士忌并称为世界三大蒸馏名酒。茅台酒自此名扬世界。

1954 年 4 月，朝鲜战争停战后，中国代表团前往瑞士日内瓦出席国际会议。此次会议是中华人民共和国第一次以五大国之一身份参加国际会议，为了赢得国际社会的认同，周恩来总理积极展开灵活的外交活动。在会议召开的第二天，周总理便以中国代表团的名义举行了招待会，在席间用茅台酒招待各国代表、新闻记者和国际嘉宾。茅台酒以其优秀的品质，成了宴会上的话题，茅台酒在与会国家代表中出尽了风头。会议期间，《梁山伯与祝英台》这部具有浪漫情调的中国戏剧片，也成了日内瓦会议场外的热门话题。回国后，周恩来做汇报时，感慨颇深地说：“在日内瓦会议上，帮助我们成功地有‘两台’，一台是

‘茅台’，一台是戏剧《梁山伯与祝英台》。”自此以后，茅台酒成为招待外宾的国宴用酒。

由于茅台酒销路很好，清末以来许多酒厂都试图仿制，如遵义的集义酒厂、贵阳的荣昌酒厂等，先后到茅台酒厂聘请酒师。抗日战争胜利后，仿制者就更多了，如贵阳的“金茅”、“丁茅”、“王茅”，但都未能成功。茅台酒窖特有的地形地势，土壤、水质以及空气中的微生物，造就了茅台酒酱香浓郁、回味悠长、空杯留香持久的独特风格，是其他任何地方都无法仿制的。

这些特点奠定了贵州茅台长期稳健成长的基础，使得贵州茅台成为一只经久不衰的大牛股。

3.创造了较高的转换成本锁定消费者

互联网、软件、银行、证券、保险等行业的公司，可以通过建立较高的转换成本，牢牢锁定消费者，从而建立竞争优势，击败竞争对手。前面列举的互联网企业腾讯、办公软件供应商微软、企业信息系统提供者甲骨文等，都是锁定消费者的典型案例。

银行、证券、保险类企业，也可以通过建立较高的转换成本锁定消费者。

一旦你的银行卡和工资、水电煤气、证券等账户关联，你就不会随意更换你的银行账户，因为更换账户的时间代价非常大，需要向银行和相关机构提交一堆的资料，资料不完整时还会让你反复折腾。更换证券账户也是同样道理，需要投资者辛苦跑好多路。

保险公司更是拥有无可比拟的锁定优势。你一旦选择某家保险公司并购买了其提供人寿保险，几乎不可能再更换甚至退出，否则会让你损失很多。

这些行业的企业一旦拥有了一定的规模优势，然后创造并利用锁定方法牢牢锁住消费者，将会给公司带来丰厚的收益和回报。所以在选择投资此类公司时，仔细评估其锁定能力是重要的一个内容。

4.建立了较高的进入壁垒，把竞争者阻挡在门外

烟草、炸药、农药、医药等行业容易建立竞争壁垒，把竞争者阻挡在门外。这些行业都属于政府严格管理的领域，需要申请特殊的经营许可证，即需要有特许经营权。获得特许经营权通常是非常困难的，所以一旦企业拥有了特许经营权，就可以建立垄断型的竞争优势，把竞争者阻挡在外。

农药、医药等行业还可以通过大量专利申请建立竞争壁垒。企业一旦通过特许经营权或专利权建立了垄断性的竞争优势，就拥有了独门绝技：产品提价权。一旦企业销售遇到天花板，可以通过产品提价完成销售和利润目标。

全世界每家企业都梦想建立垄断性的竞争优势，但政府会通过不断颁布和修正反垄断法律，阻止市场走向垄断。不过，政府为了鼓励创新，还是为企业建立垄断地位留了一条路，即专利保护，企业可以大量申请产品专利来构建竞争壁垒。

我们来看看美国辉瑞制药公司的例子。

辉瑞制药是一家成立于1849年，集研发、生产和销售处方药为一体的跨国制药公司。辉瑞以其无与伦比的产品组合，在心血管、内分泌、中枢神经、关节炎、抗感染、泌尿男科、眼科和抗肿瘤等治疗领域保持世界领先地位，仅在中国上市的创新专利药物就有40余种，如立普妥、络活喜、万艾可等。

立普妥是截止到目前全球处方量最多的降胆固醇药物，仅2009年一年全球销售额就高达123亿美元。络活喜是截止到目前世界处方量最大的治疗高血压品牌药物，1990年以来，全球的使用量已超过400亿个病人治疗日。万艾可能有效改善男性勃起功能障碍，改善性伴侣双方的性满意度，目前全球已有3500万患者服用了它。

这些销量巨大的药物，为辉瑞公司带来了丰厚的利润，同时也引来全球很多制药公司的仿造。辉瑞公司通过大量的专利诉讼阻止竞争对手，在中国，2001年以来，就因为万艾可专利侵权案件和白云山医药、吉林制药等12家企业打官司，通过漫长的专利诉讼拖住和打击竞争对手，从而建立竞争优势。

5.优秀的公司治理能力将竞争对手甩在后面

一家治理优秀的上市公司，能够保持长盛不衰。公司治理是否优秀，可从以下几个方面来衡量：公司股权结构、管理层依赖度、领导人能力、公司战略、团队建设等。

公司股权结构是否复杂？公司是否有权威控制人？股东之间彼此是否信任与合作？这些问题的答案，可以反映出一家上市公司的股权情况。

如果一家上市公司没有最终权威控制人，或者股东之间彼此恶斗，会严重影响上市公司的发展。比如国美电器大股东黄光裕和董事局主席陈晓之间的控制权争夺战，就爆出了国美电器的一些“家丑”，对国美电器的声誉造成了严重影响。雷士照明的吴长江和投资公司施耐德之间的控制权争夺战，到了水火不相容的地步，导致公司大面积罢工，严重影响了公司正常的生产经营。

公司经营业务是否专注？公司产品工艺是否复杂？公司经营管理是否有效？更换公司领导人是否会对公司发展造成影响？这些问题的答案，可以反映出上市公司是否特别依赖现任管理层。

如果一家上市公司经营的产品品种相对少而精，产品生产工艺简单且稳定，公司管理成熟而稳健，那么这家公司就不会过度依赖领导人的能力，即便更换领导人也不会对企业发展造成太大的影响，比如贵州茅台就属于这类企业。贵州茅台原总经理乔宏因巨额贪污和受贿被判刑，但这并未对贵州茅台的发展以及贵州茅台的股价构成丝毫影响。相反，公司业务多元化，工艺复杂且不稳定，公司管理不成熟，则投资该企业的风险相对较高。

公司领导人是否有坚定的意志力？是否有非常强的洞察问题与分析问题的能力？是否有持续变革和突破的能力？是否有行业经验？个人魅力如何？这些问题的答案，可以有效判断企业领导人的决策能力。

优秀的领导人可以带动企业快速稳健发展，可以减少企业发展过程中的不确定性。比如海尔的张瑞敏，联想的柳传志，华为的任正非等优秀领导人，在企业发展过程中都起到了决定性的作用。

企业在发展过程中经常会遇到各种重大困难，需要企业领导人有坚定的意志力去挑战和突破困难；企业前进的道路上会存在各种各样的陷阱，需要企业领导人具备敏锐的洞察力和判断力；领导人的行业经验可以减少决策失误的风险；有独特个人魅力的领导人，通常会吸引一大批优秀的人才追随在身边。

公司制定的发展战略，会直接影响到公司未来的走向，投资者需要分析公司的产品研发战略、市场营销战略、人才战略以及经营管理战略，了解公司的战略方向是否存在问题？公司战略是否可执行？发展战略是否能保障公司稳健发展？

比如，运营业务或者运营产品是走多元化道路还是走专注化道路？不少公司发展到一定规模的时候，往往喜欢多元化，但多元化很多时候意味着“多元恶化”。多元化一方面分散公司的资源，违背“集中优势兵力，各个击破”的原则，另一方面贸然踏入不熟悉的领域，往往被竞争对手打得节节败退。

公司是否有体系化的人才储备和培养政策？充足的人才资源能够对公司的快速发展提供强力支持。

公司团队角色搭配如何？公司是否建立了清晰的权责体系？公司采用什么样的激励方式激励员工？公司是否建立了一支有凝聚力的团队？这些都是公司团队建设的重要内容。

团队是公司发展的核心驱动力，打造一支优秀的团队，才能击败强大的竞争对手，推动公司快速发展。比如华为的“狼文化”，打造出一支极具竞争力的团队，战胜若干竞争对手，成为世界上首屈一指的通信企业。2011年华为销售额高达324亿美元，只用短短二十几年的时间，就进入了世界500强企业榜单。

3.5 何时买卖?

通过前面的分析可以知道，有四类市场可以长期增长：需求持续增长类市场；快速消费类市场；信息科技类市场；可持续提价类市场。有四类企业具有持续竞争优势：以更低成本或价格提供产品或服务的企业；建立了产品差异化品牌的企业；创造了高转换成本锁定消费者的企业；建立了高进入壁垒把竞争者阻挡在门外的企业。

在长期增长的市场中，选择具有持续竞争优势的企业，你将会发掘出可长期增长的大牛股。

发掘出优质成长股以后，你将面临两个选择，第一选择是何时买入？第二个选择是何时卖出？

按价值派的价值分析方法，可以在价值低估时买进。可是观察一下历史上的优质成长股，往往很少有价值低估的机会，反而是长期存在一定的泡沫，巴菲特也错过很多优质成长股。

为了等待股价下跌30%而错过将会上涨10倍的大牛股，那是很不明智的决策。什么时候发掘出优质成长股，什么时候就是买入的时机，不要等待某个价位或者某个跌幅而错失良机。

有的投资者可能会问，遇到经济危机，股市大崩盘怎么办？答案仍然是坚持买进和持有。贵州茅台、东阿阿胶、双鹭药业等优质成长股，哪怕你买在2007年泡沫巅峰期，经历了2008年高达40%以上的跌幅，在随后的两年时间，股价还是突破了前期的高点。如果像美国股市那样，从1981年到2000年的20年时间里，中国股市都在持续上涨，那么等待股市崩盘时买进，无疑会备受煎熬。

何时卖出？就像何时买入一样，并非价值高估就要卖出。持有上涨的股票不卖，有时候也是一件很折磨人的事情。人们往往有获利了结的冲动，股价上涨20%就开始产生强烈的卖出欲望，生怕获得的利润又跌回去。坚持持有并且在股价上涨2倍还不卖出，那确实需要具有坚强的信念和一颗非常稳健的心。

那么持有的成长股永远也不卖了吗？非也，股票符合以下三个条件时，你也需要及时卖出：一是买入时判断错误，随着公司背景变得逐渐清晰，发现买入的股票并非是一只优质成长股；二是随着时间的推移，公司的经营管理环境发生了变化，已不再符合优质成长股的条件；三是找到了比这只股票更优秀的成长股。

发现判断错误，买入的并非一只优质成长股，需要果断卖出。但是买入后股票亏损了，人们往往不愿意卖出，总想等股价涨回来后再卖出。我们设想一下，如果股价下跌了40%，那么面临有两种可能，一种是5年之后股价涨回来了，另一种是永远不再涨回来，股票退市了。按第一种情况，你等待了5年保本持平。但如果你在股价下跌了40%的时候发现买入的股票根本不是一只优质成长股，这个时候果断斩仓，选择买入另一只优质成长股，新买的这只股票5年时间上涨了3倍，那么你将获得额外上涨的80%的收益。如果是后一种情况，你将永远失去剩余的60%资金，也没法再创造出复利增长的机会。所以一旦发现买入是个错误，果断斩仓是最明智的决策。

年营业额曾经超过上百亿美元的柯达公司，在2012年轰然倒闭，其原因就在于数码相机等新技术产品的出现，导致柯达原有的庞大胶片市场没落，而柯达决策层安于现状，未能跟上新技术转型的步伐，导致一家百年企业破产倒闭。

世间万事万物都处在持续动态变化当中，公司经营管理环境非常复杂，很容易出现超出当初估计的变化。比如新产品的出现引起市场环境变化，公司管理层安于现状导致经营业绩下滑，政府新的管制政策导致原有市场空间消失等。当这些因素出现，使得你持有的股票已经失去了优质成长股的条件，你就应该果断卖出，不要幻想情况会发生好转。我们不排除极其少量公司会绝处逢生，从困境中走出来，但大部分公司将会失去元气，辉煌从此不再。

100 多年前，伟大的生物学家达尔文在《物种起源》一书中，开创性地提出物种进化理论。该理论认为：生物界处在持续不断的竞争进化中，遵循“优胜劣汰，适者生存”的法则。同样，在商业市场残酷的竞争中，更优秀的公司会获得更多的生存机会，大自然的优胜劣汰法则同样适用。在投资中，你需要建立动态跟踪机制，在股市持续淘宝，寻找更优秀的成长股，同时不断淘汰相对较弱的股票，这样你才会始终跟上股市进化的大潮。

第4章 风险：达摩克利斯之剑

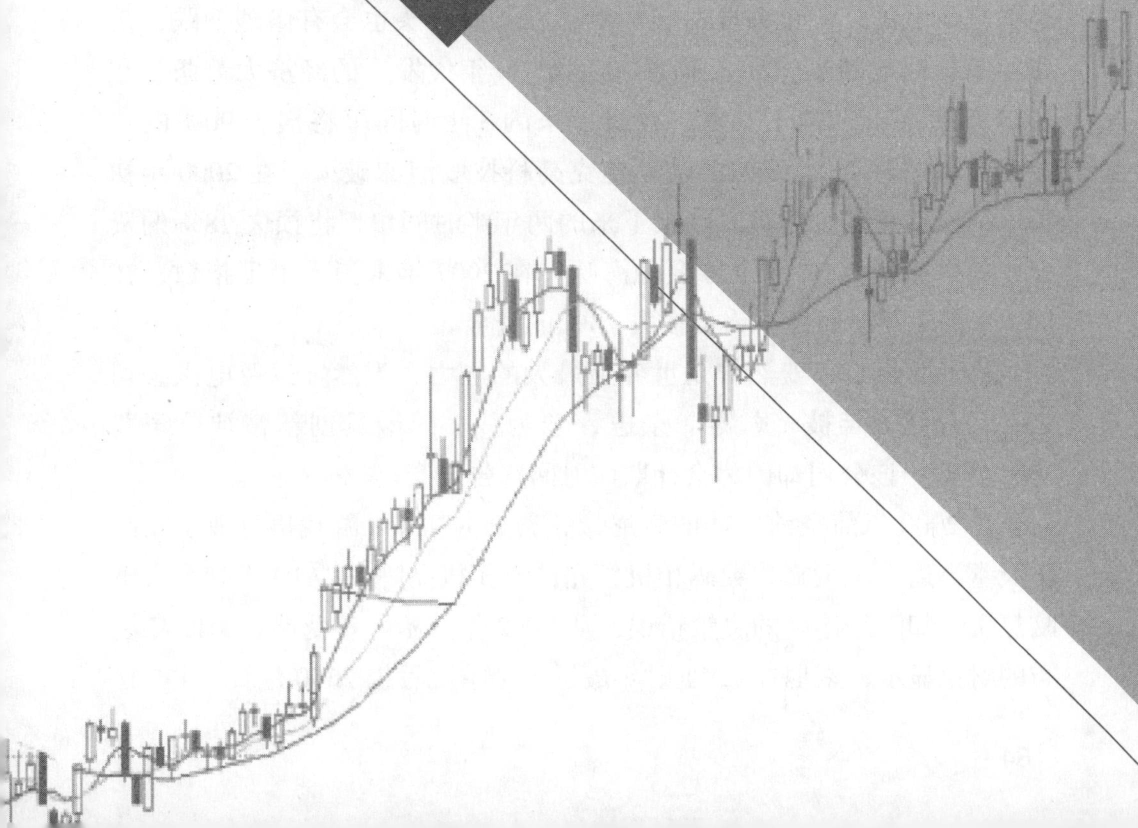

4.1 风险来自哪里？

从整体股市来看，道琼斯指数100年的运行轨迹表明，股市长期趋势是向上的，但也并非一帆风顺，在某些年头也会有惨烈下跌，某些年头会原地踏步。如果遭遇20世纪30年代发生的经济大萧条，在1929年初买入一揽子美股，在接下来的3年时间里将损失90%的资金；如果遭遇21世纪初的纳斯达克高科技股泡沫破灭，在2000年初买入纳斯达克综合指数，在接下来的两年半时间里，将损失78%的资金；如果遭遇2008年全球金融海啸，在2007年末买入上证指数，在接下来的1年时间里，将会损失73%的资金。

从个股来看，安然曾是世界上最大的电力、天然气以及电讯公司之一，连续6年被《财富》杂志评选为“美国最具创新精神公司”，2001年底，该公司却因为会计欺诈丑闻宣告破产。

在2000年前空前成功的索尼，凭着PlayStation游戏机打败了劲敌任天堂，逼走了世嘉，数码相机领先传统相机品牌，VAIO系列个人电脑热卖，却因一连串的决策错误，从2002年开始严重受挫。2012年公布的财报显示，索尼在2011财年最后一个季度亏损2550亿日元(32亿美元)，这是索尼连续第 4 个财年亏损。

有 150 年辉煌历史的雷曼兄弟于 2008 年金融海啸中申请破产保护。曾经辉煌的诺基亚从 2008 年开始陆续从欧美证券市场摘牌退市。20 世纪 70 年代初在股市被誉为“漂亮 50”之一的柯达在 2012 年初申请破产保护。

这一系列惨烈的事例，让投资者不得不思考，怎样才能在获得丰厚收益的同时有效控制风险?

在分享规避风险的经验之前，让我们先搞清楚风险来自哪里。在投资股市时，投资者通常会面对两类风险：一是系统性风险；二是个股风险。下面分别来认识一下这两类风险。

4.2 系统性风险

系统性风险是指由整体政治、经济、社会等环境因素对证券市场造成的影响。在股票市场，指对整个股市绝大多数股票普遍产生不利影响的风险。

系统性风险包括政策风险、经济周期性波动风险、利率风险、汇率风险、特大自然灾害风险、高通胀风险等。1929 年发生的美国股市大崩盘，2000 年美国纳斯达克高科技股泡沫破灭，2008 年金融海啸带来的股市下跌，都是典型的系统性风险。

系统性风险造成的后果带有普遍性，不能通过分散投资加以消除。其主要特征是所有股票均下跌，不可能通过购买其他股票保值。在这种情况下，所有的投资者都要遭受很大的损失。

1.1929年美国股市大崩盘

1929 年 10 月 24 日，纽约证券交易所股票价格雪崩似地跌落，人们歇斯底里地甩卖股票，整个交易所大厅回荡着绝望的叫喊声，这一天成为可怕的“黑色星期四”，并引发了美国经济危机。

这仅仅是灾难的开始。29 日，纽约证券交易所股价再度狂跌，一天之内 1600 多万股票被抛售，50 种主要股票的平均价格下跌了近 40%。这一天是纽约证券交易所问世以来最具灾难性的一天，而且很有可能是证券交易所历史上最具灾难性的一天，后来这一天被形容为“屠杀百万富翁的日子”。

在证券市场的全部秘密中，没有哪个秘密像每个想要抛盘的卖家为什么一定要找到买家接盘这一秘密那样令人捉摸不透，许多股票重复出现的只有卖单，根本没有买家接盘。一场空前规模的经济危机终于爆发，美国历史上的“大萧条”时期到来。

一夜之间，“繁荣”景象化为乌有，全面金融危机接踵而至：大批银行倒闭，企业破产，市场萧条，生产锐减。在危机发生后的 4 年内，美国国内生产总值下降了 30%，投资减少了 80%，1500 万人失业。

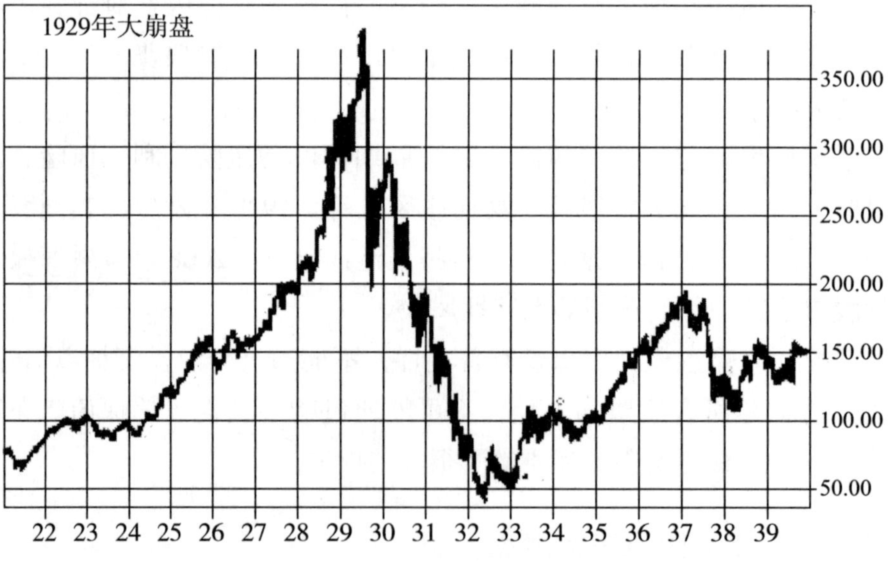

图4-1　1929年美国股市大崩盘

2.2000年美国纳斯达克高科技股泡沫破灭

2000年，对于纳斯达克的投资者来说，是一个噩梦连连的年头。3月10日纳斯达克指数创5132点的新高后，就步入了漫漫熊途，不断创造一个又一个令投资者心碎的纪录。

4月3日微软反垄断诉讼案，使纳斯达克指数暴跌349点，创纳斯达克29年历史中单日指数最大跌幅；4月14日，由于美国官方公布的通涨率高于人们的预期，纳斯达克指数又重挫355点，轻松地将10日前创造的单日跌幅纪录刷新。从2000年3月历史最高点到2002年10月的最低点，纳斯达克股市下跌了78%，80%的股票跌幅超过80%，总市值由6.7万亿美元跌至1.5万亿美元，两年半时间市值缩水5.2万亿美元，成为仅次于1973–1974年最严重熊市的下跌幅度。

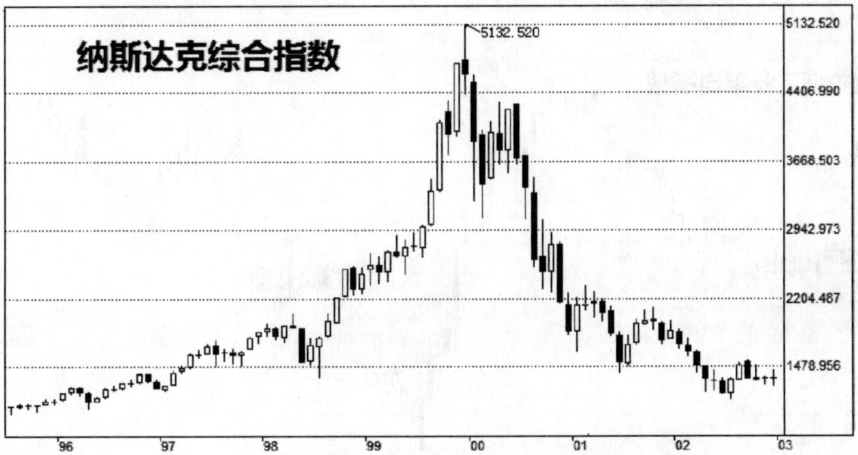

图4–2 2000年美国纳斯达克高科技股泡沫破灭

3.2008年金融海啸

2008年，美国次贷危机引发全球金融危机，造成各国股市大幅下跌，全球经济陷入衰退，直到今天全球经济仍未恢复元气。

2007年8月9日，法国第一大银行巴黎银行宣布冻结旗下三只基金，其原因是投资了美国次贷债券而蒙受巨大损失，此举导致欧洲股市重挫。自此投资者开始对按揭证券的价值失去信心，引发流动性危机，多国中央银行多次向金融市场注入巨额资金，也无法阻止这场金融危机的爆发。

2008 年 9 月 9 日，这场金融危机开始失控，并导致多家大型的金融机构倒闭或被政府接管。危机开始时，因为雷曼兄弟持有巨量与住房抵押贷款相关的“毒药资产”，导致股价在短时间内暴跌。9 月 14 日，在美联储拒绝提供资金支持援助后，雷曼兄弟提出破产申请。而在同一天，美林证券宣布被美国银行收购。这两件标志性事件，拉开了全球股市大崩盘的序幕。从 2007 年的巅峰到 2008 年的低谷，道琼斯指数跌幅达 55%。这期间，中国上证指数也由巅峰期的 6124 点一路下跌到 1664 点，跌幅高达 73%。

图4-3 2008年金融危机前后道琼斯工业平均指数走势图

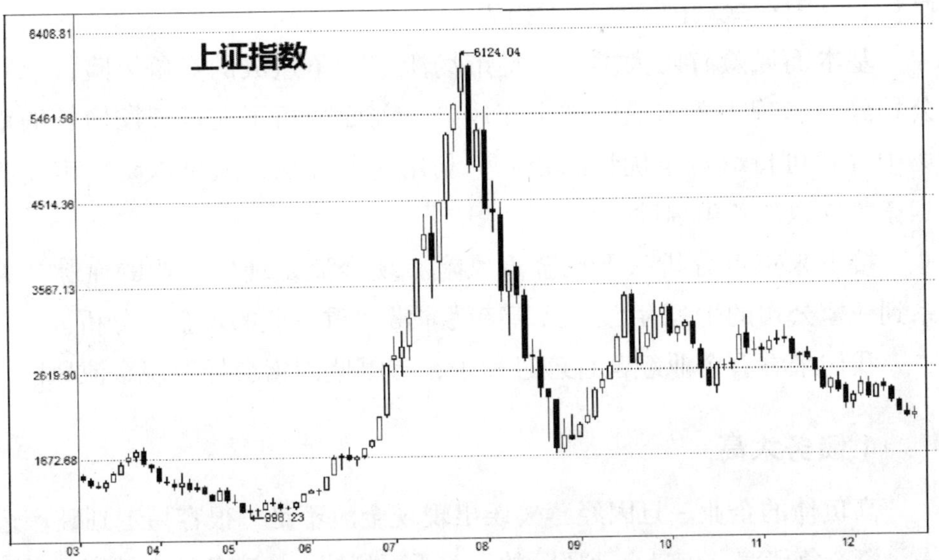

图4-4　2008年金融危机前后上证指数走势图

4.3　个股风险

个股风险主要指个股下跌所带来的风险。个股风险又可以分为两种：基本面风险与炒作风险。前者是指上市公司基本面发生突变，导致股价下跌；后者是指上市公司股价被炒作虚高导致的下跌风险。

像柯达、索尼、诺基亚等公司，就是遇到了典型的基本面风险，这3家公司都是因为在市场创新产品的冲击下未能及时转型，导致公司销售量持续下滑，从而陷入困境。如果你将所有的资金押在这样一只股票上，将会损失惨重，甚至还有可能血本无归。

前面我们分析过了，股市里有概念派、技术派、操纵派，因为他们的短期投机行为，股价会出现剧烈波动。一旦你发掘出的优质成长股被他们瞄上了，按照优质成长股的买入原则，你很有可能买在某个高位，从而在短期内承受巨大损失。

基本面风险有两大类，一是市场激烈竞争造成的竞争风险，二是公司经营管理不善造成的现金流风险。前面分析了在可长期增长的市场中寻找可持续竞争优势的企业，利用这种办法，就可以防范市场激烈竞争导致的竞争风险。

接下来重点分析一下现金流风险。现金流是现代企业的血脉，关系到一家公司的生死存亡，巴菲特就非常注重企业的现金流分析。

我们来看看企业经营管理过程中，有哪些因素会导致现金流风险。

1.债务太高

高负债的企业一旦因经营失误出现现金流不足，很容易走到破产边缘。资产负债率是衡量企业风险的一个重要指标，资产负债率越高，风险越大。当该指标超过了一定界限，企业从银行融资救急会变得非常困难。

投资者需要密切关注公司的资产负债率是否处于安全范围。一般来说，除银行、保险等金融类企业以外，资产负债率低于 60% 的公司，相对较为安全。

你还需要留意公司借贷的利息支出情况，分析利息支出会否在未来成为公司的沉重负担。另外，投资者还要分析在未来一段时间，是否会有大笔到期还款引起公司的现金流吃紧等。

2.应收款过多

应收款过多主要涉及几个问题，一是会影响公司的现金流周转，一旦公司现金流吃紧，几笔大资金收不回来，很有可能导致公司无米下炊，影响公司的正常发展。二是客户长期拖欠应收款，导致企业失去了原本可以用来创造效益的机会。三是长期拖欠的应收款变成坏账的几率很高，可能给公司带来巨大损失。尤其是对一些毛利率非常低的企业来说，应收账款过多，有时带来的影响是很大的。我们举一个例子说明。

比如贸易类企业，如果按照毛利率20%进行计算，1个亿的年销售额毛利才2000万元，除开各种管理费用及税费，很可能企业的净利润不足1000万元。如果某几个客户拖欠了1000万元的应收款，并且这些应收款最后成了烂账，原本10%的净利润就会因为应收款收不回来演变成了净亏损。

尤其要强调的是，在经济不景气期间，公司应收款管理变得尤为重要。这个时候现金为王，谁现金充裕，谁就能挺过危机。

在分析应收款时，还要关注公司应收款的增长速度是否超过销售增长速度？公司应收款是否占资产比重过大？应收款增长速度过快或者占资产比重过大，都要引起投资者的警惕。

3.存货过多

存货和应收款引发的风险类似，一是存货太多会影响公司现金流周转，二是存货占款会影响企业再次创造效益的机会，三是存货太多，一旦销售不出去，则会演变成死库存，给公司经营带来巨大损失。

同样原理，存货对毛利率低的公司影响也是非常大的。上面列举的例子，同样可以用来说明存货对公司的影响。在分析存货时，要关注公司存货是否急速上升？公司存货是否占资产比重过大？存货上升过快或者所占资产比重过大，同样要引起警惕。

4.客户太过集中

如果一家公司的大部分销售收入来自几个主要客户，你可要当心了。一旦某个客户经营出现问题，或者因某种原因不再从公司采购，将会导致公司销售瞬间大幅下滑，现金流骤然紧张，公司快速陷入困顿境地。购买股票时，你需要避开客户太过集中的企业。

5.关联交易

关联交易通常是指和上市公司母公司的其他企业进行交易，或者和上市公司股东或高管投资的其他企业进行交易。

关联交易对上市公司可能有利，也可能不利。如果关联交易涉及到隐形转移上市公司资产，这会让上市公司慢慢被掏空，从而逐步走向毁灭。如果关联交易能够为上市公司带来稳健的营业收入和现金流，有效降低上市公司的运营成本，这会对上市公司的发展起到正面作用。

无论如何，凡是有关联交易的企业，投资者都需要小心，因为关联交易的长期后果难以预料。建议投资者慎重对待这类企业。

6.企业担保

如果上市公司存在巨额担保，会影响到自身的长远发展，因为所担保的企业是否会出问题，往往超出上市公司能够控制的范围。

比如长三角和珠三角，企业之间广泛存在互联互保现象。在经济繁荣时期，互联互保不存在明显问题。到了经济萧条时期，一旦某家企业出现问题，互联互保的相关企业需要替这家企业偿还银行贷款，现金流自然会受到很大影响。

投资者在购买股票时，需要评估企业担保一旦出现问题，是否会对企业自身的现金流构成影响。对担保过大并且对自身发展构成影响的企业，你需要放弃。

7.重大问题或潜在问题

投资者还需要对上市公司当前正在发生的重大事件或重大问题进行评估，评估它们是否会对企业发展过程中的现金流构成影响，以及公司是否存在重大潜在问题，这些重大潜在问题对公司未来的现金流影响有多大。

投资者需要尽力去挖掘企业可能存在的对现金流造成影响的各种潜在问题，这对你的投资安全有好处。

4.4 如何规避风险？

该如何规避系统性风险和个股风险？对于通过前面的方法选择出来的优质成长股来说，有两个规避风险的策略可以采纳：一是通过长期定投来规避系统性风险，二是通过适度分散投资来规避个股风险。

下面逐一进行分析。

1.长期定投

前面说到，操纵派无法撼动成长派，因为操纵派没有长期持有的耐心，都是速战速决，短时间内获利了结，而成长派拥有“长期持有”这面照妖镜。

多久才算长期？巴菲特曾说：如果一只股票不打算持有它 10 年，那就一分钟也不要持有。也就是说，一旦决定买入，你需要有持有它至少 10 年的心理准备。长期持有，好处很多。操纵派绝对没有那么长时间的耐心去操纵它。

长期持有的好处之一：一旦你买在了一个糟糕的点位，可以通过长期持有等待价值回归。例如在 2007 年泡沫巅峰期买入贵州茅台、东阿阿胶、双鹭药业等，虽然在 2008 年经历超过 40% 的跌幅，可在随后的 2 年时间，不但这些股票实现了价值回归，而且还超越了前期的高点。

长期持有的好处之二：长期留在市场，不会失去持有大牛股的机会。彼得 · 林奇曾做过统计：从 1954 年开始的 40 年时间，如果将全部的资金投入到股市，年平均回报率为 11.5%，但是如果错过了这 40 年里 40 个涨幅最大的月份，年平均回报率就只剩下 2.7%。20 世纪 80 年代美国股市最好的时候，年均复利达到 26.3%，但真正决定获得那个成绩的时间段，是 5 年全部 1276 个交易天中的 40 天。在那 40 天中，如果因为避开回调而离场，成绩就只有 4% 了。也就是说，股票的绝大部分涨幅是在不到 10% 的时间内完成的，其余 90% 的时间市场都是在下跌或者横盘振荡。

你可能会说，只做股票上涨的时间，回避下跌的时间，即在股票上涨前或者股票上涨时买进，在股票下跌前卖出。这的确是个好注意，谁不想这样呢？但是，好主意与能否办到是两码事，99% 的人做不到。不信你去试试，多半的结果是，你在那 10% 的上涨时间逃离了股市，而在那 90% 的下跌或横盘振荡时间里，却坚定地留在了股市里。

长期持有的好处之三：长期持有的根本魅力，在于获得优质成长股的复利增长回报。优质成长公司的增长，是按照复利方式进行的。年复一年的利滚利增长，也会推动股价同步复利增长。前面已经展示了复利的威力，如果你买入了一只非常优秀的成长股，其年均利润增长率为 26%，10 年后其股价也将上涨到 10 倍。

定投是指定期定额投资，例如每月都投入定额资金来购买选中的优质成长股，现在一些基金就开发出定期定额投资这种方式。

定投有 3 个方面的好处：

第一，定期投资，积少成多。投资者可能每隔一段时间就会积攒一些闲散资金，通过定期定额投资来实现“聚沙成塔”，不知不觉中就会积攒一笔不小的财富。

第二，不用考虑投资时点，轻松投资。人人都想低买高卖，但却极少有人能买到最佳买卖时点并获利，反而失误更多。投资者可以通过“定投计划”来投资股票，不要在乎进场时点，也不要在意市场价格，无需为其短期波动而改变长期投资决策。

第三，平均投资，分散风险。资金是分期投入的，投资的成本有高有低，长期平均下来相对较低，能够有效地分散投资风险。

例如，从 2005 年 1 月到 2010 年 1 月的 5 年时间里，经历了牛熊交替，如果你在上证指数的巅峰 6124 点购买了指数，持有到 2010 年 1

月，你的本金将损失 44%。如果你将资金均分为 5 份，在这期间每年初定投一份，5 年下来，你不但没有损失，还可以盈利 9%。因此，长期定投是分散风险的有效策略。

2.适度分散

如果你将所有的资金押在一只股票上，一旦判断失误，你将损失惨重，甚至血本无归，因此为了防范单一个股风险，需要进行适度分散投资。

到底多分散才是合适的？有价值派或者成长派的投资人建议投资两三只股票即可，他们坚持重仓原则，理由是如果你选择出来的是真正的优质成长股，那么投资是零风险的，而且越是分散投资，其业绩就越接近大盘水平。也就是说，分散投资不但没有降低风险，反而还失去了成长的大机会，因此他们反对过分分散投资。

这里要说的是，世间很多事情往往不能太理想化，人不是全能的不会犯错误的上帝，判断选择失误是在所难免的，所以即便选择了在当下来说是一只非常优秀的成长股，但世易时移，谁也不能保证公司未来不会出现衰落。比如柯达当年正如日中天的时候，谁会想到它今天的没落。

即使股神巴菲特买入可口可乐这么优质的成长股，从 1999 年到 2012 年的 13 年间，股价也一直在原地踏步。这么长的时间押宝在一只股票上，并且没有产生收益，相信你是忍受不了这样的煎熬的。

进行适度分散是非常有必要的。作为普通投资者，建议你将股票分散到 5 只比较合适，太多则没有精力去跟踪分析。

作为专业投资者，应控制在 10 ~ 20 只之间。巴菲特通常将持仓资金的 90% 集中在 10 只股票上下。表 4–1 中的数据为巴菲特主持的伯克希尔 · 哈撒韦公司 2011 年 12 月 31 日持股清单，其中持仓的 90.8% 集中在前 10 只股票上。到底持股是要集中还是要分散，相信巴菲特的持股清单会给你带来启发。

表4-1 伯克希尔·哈撒韦公司持股明细

（截至 2011 年 12 月 31 日）

持股公司	主营业务	持股市值（亿美元）	持仓占比%
可口可乐	饮料	139.9	21.2
IBM	IT 解决方案	117.5	17.8
富国银行	信贷	105.7	16.0
美国运通	信用卡	71.5	10.8
宝洁	日用品	51.2	7.7
卡夫食品	食品	32.5	4.9
沃尔玛	零售	23.3	3.5
康菲石油	石油	21.2	3.2
强生	医药	19.0	2.9
美国合众银行	信贷	18.7	2.8
穆迪	信用评级	9.6	1.5
DirecTV	卫星电视	8.7	1.3
华盛顿邮报	传媒报业	6.5	1.0
M&T BANK	信贷	4.1	0.6
好市多	零售	3.6	0.5
VISA	信用卡	2.9	0.4
西维斯	药店	2.9	0.4
英特尔	芯片	2.8	0.4
通用动力	军工	2.6	0.4
达维塔保健	保健服务	2.0	0.3
Dollar General	零售	1.9	0.3

续表

持股公司	主营业务	持股市值（亿美元）	持仓占比%
Torchmark	人寿保险	1.8	0.3
美国石棉	建材	1.7	0.3
万事达	信用卡	1.5	0.2
赛诺菲-安万特	医药	1.5	0.2
通用电气	综合	1.4	0.2
Verisk Analytics	商业服务	1.4	0.2
自由媒体	多元化娱乐	1.3	0.2
UPS	货运快递	1.0	0.2
葛兰素史克	医药	0.7	0.1
纽约梅隆银行	信贷	0.4	0.1
甘尼特	报业出版	0.2	0.03
英格索兰	机械	0.2	0.03
Comdisco	数据系统	0.1	0.02

3.价值投资

成长派投资人要不要借鉴价值派的投资策略来防范风险？前面做过分析，价值派也是股市的赢家，采用价值投资策略，可以获得超越指数的回报。但如果采用纯粹的价值投资策略，很容易错过大牛市或者大牛股，价值投资派传人巴菲特，都需要借鉴成长派的投资策略。

对于正宗的成长派投资者来说，不用遵循价值派严格的价值评估和买进策略。对于普通投资者来说，什么时候发掘出优质成长股，什么时候买进就可以了，通过长期定投策略和适度分散策略，能够有效规避买在高位等风险。对于专业投资者来说，可以借鉴一下价值投资思想，通过分析整体股市的市盈率、市净率等指标，判断市场是否进入明显的泡沫期，进入明显泡沫期则停止买入，到了泡沫的巅峰期可以考虑卖出。

之所以不建议普通投资者借鉴价值投资思想，是因为整体股市价值评估和对市场泡沫程度的判断缺乏相应的系统分析工具，普通投资者难以有效掌握。

对于普通投资者来说，特别要强调的一点是：低价股不等于价值低估的股票。当贵州茅台为每股 180 元的时候，很多人因为它的价格高了，就觉得高估了，其实那是一个严重错误的观念。如果贵州茅台进行股票拆分，将 1 股拆成 10 股，变成每股 18 元，是否就低估了呢？其实无论拆成多少股，它的整体价值一点没有变化。对于股票价值的高低，要用“股市的照妖镜”介绍的市盈率、市净率或者市现率等指标来进行判断。

普通投资者还有一个错误观念，就是认为股价跌幅大了，股票价值就被低估了。比如某只股票价格由 10 元跌到了 4 元，他会说：“你看，原来价格那么高，现在跌了 60%，价格那么便宜，只有 4 元，肯定低估了。”如果这只股票本来就只值 2 元，10 元完全是被炒作上去的，现在每股 4 元还没有回归到本来的价值，哪里来的低估？

投资者一定要明白，股票价值的多少不是用价格高低或者跌幅大小来判断的。

第5章 进化投资：超越指数的利器

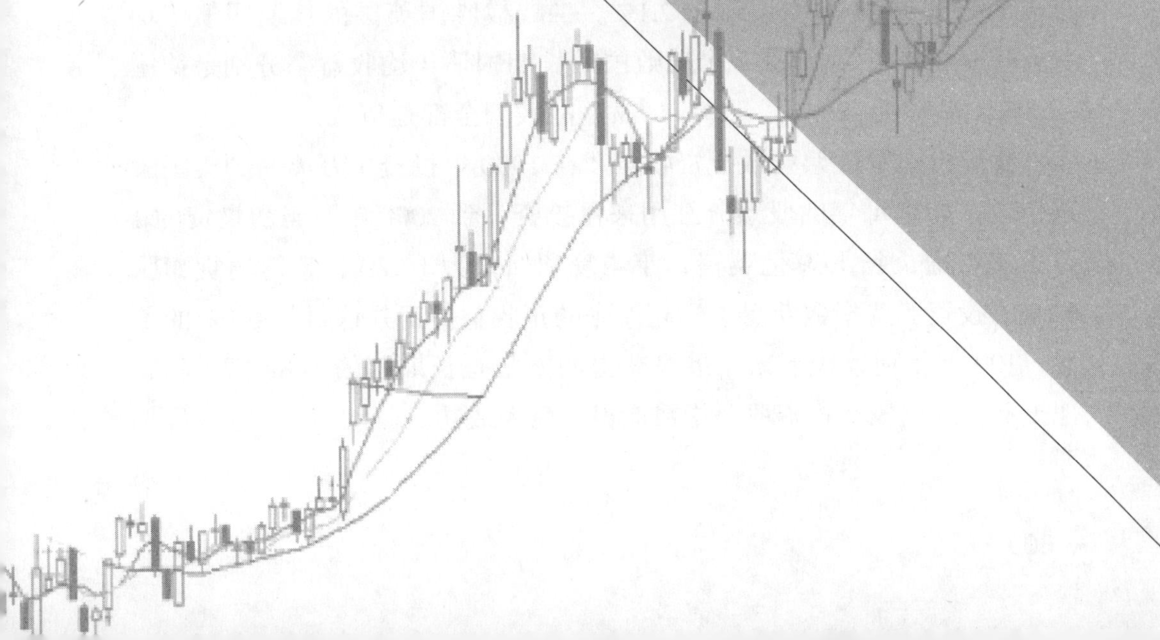

5.1 指数化投资的魅力

跨越100年的投资历史证明，高风险的杠杆类投资品是不能触碰的，它们会让你倾家荡产。投资者可以长期投资房地产、黄金以及国债等投资品，但它们基本和通货膨胀同步，较少获得正收益。

100年间，世界上发达国家的长期国债投资情况是怎样的呢？扣除通货膨胀，政局非常稳定的3个国家，长期国债年均收益率分别是：丹麦2.7%、瑞典2.3%、瑞士2.1%。二战战胜国英国的长期国债年均收益率是1.3%，而二战3个战败国的长期国债年均收益率分别是德国-2.3%、意大利-2.3%、日本-1.5%，战败国全都是负数。

我们再来看股票指数投资收益。在1900年投资1万英镑到英国股票指数，如果每年的股票分红用来再投资，到2000年，当初投资的1万英镑将增长到1.69亿英镑，年均复利回报为10.2%，超越通货膨胀6.1%。投资股票指数获得了远超通胀的正收益。正是这每年6.1%的差异，100年复利累积下来，最终获得的回报是长期国债的88倍。和其他投资方式比较，投资股票指数取得了巨大成功。

在股票市场中，投资可以分为3种方式：一是持有股票，二是持有主动型股票基金[①]，三是持有被动型指数基金[②]。这3种投资方式的收益情况是怎样的呢？如果将你的资金分散投资到所有主动型股票基金上，理论上的投资收益和股票指数的投资收益是相同的，但考虑到投资主动型基金需要付出额外的管理成本，以国内主流公募基金收费为例，一般申购费率为1.5%，赎回费率为0.5%，管理费率为1.5%，托管费率为0.25%，购买后按平均持有10年再赎回计算，相比单纯持有股票，每年将多付出1.95%的管理成本。

如果投资于被动型指数基金，一般申购费率为0.5%，赎回费率为0.5%，管理费率为0.5%，托管费率为0.1%，购买后同样按平均持有10年再赎回计算，相比单纯持有股票，每年将多付出0.7%的管理成本，但比持有主动型股票基金每年少支付1.25%的管理成本。

也就是说，按英国100年股票指数投资业绩，投资于代表市场的一揽子股票（股票指数），可以获得10.2%的年均复利回报，投资于指数基金，可以获得9.5%的年均复利回报，而投资于主动型股票基金，获得的年均复利回报则降为8.25%。

作为普通投资人，这里不建议投资者自己跟踪投资组成股票指数的一揽子股票，因为很可能你的跟踪误差会超过持有指数基金需要付出的0.7%的管理成本。宁愿花费0.7%的管理成本，投资于被动型指数基金，让专业人士来跟踪股票指数，以减少跟踪误差风险。

那么是否还需要投资于主动型基金呢？有人对华尔街的主动型基

① 主动型基金是根据股票基金投资理念的不同进行的分类，一般主动型基金是以寻求取得超越市场业绩表现为目标的一种基金。与其对应的是被动型基金（通常被称为指数型基金），被动型基金一般选取特定的指数成份股作为投资的对象，不主动寻求超越市场的表现，而是试图复制指数的表现。

② 指数型基金可以分为两种，一种是纯粹的指数基金，它的资产几乎全部投入所跟踪的指数成分股中，几乎永远是满仓，即使市场可以清晰看到在未来半年将持续下跌，它也保持满仓状态，不作积极性的行情判断。指数型基金的另外一种就是指数增强型基金。这种基金是在纯粹的指数化投资的基础上，根据股票市场的具体情况，进行适当的仓位调整。

金绩效做过统计，其中 80% 的主动型基金跑不过股票指数。也就是说，如果你投资主动型股票基金，你有 80% 的概率会成为市场的输家。相比被动型指数基金，额外付出了 1.25% 的管理成本，同时还有 80% 的概率成为市场输家，投资被动型指数基金还是投资于主动型股票基金，相信你自己能够得出结论。和主动型基金相比，投资被动型指数基金还有很多优势，下面来逐一分析。

1.成本费用低

相比主动型基金，指数基金每年的管理成本要低 1.25%。你不要小看每年这 1.25% 的差异，30 年复利累积下来，按投资初始值计算，投资回报将会有 5 倍的悬殊，按投资最终值计算，投资回报也将相差 1.4 倍。

除了节省管理成本外，指数基金还有一个成本方面的优势，这就是换手率低。一般指数基金的投资标的每半年调整一次，每次调整比例不超过 10%。低换手率一方面可以节省股票交易手续费，另一方面还可以节省资本利得税。中国股票市场目前还没有开征资本利得税，在发达国家资本市场，一般都有 20% ~ 30% 的资本利得税，比如美国的短期资本利得税为 20%。

据阿诺德、贝尔金和叶于2000年的研究报告，在过去20年间，只有 14% 的主动型基金在扣除了资本利得税和分红税款之后，取得了超过先锋 500 指数基金①的收益，这意味着 86% 的主动型基金输给了市场。

---

① 先锋 500 指数基金创立于 1975 年，是全世界最早的指数化共同基金，也是全世界最大的单个基金。先锋基金集团是世界第二大基金管理人，也是全世界费率最低的基金管理人，其最具特色之处就在于，它不是有限责任公司，而是合伙制企业，即全体基金投资人共同拥有的基金管理企业。换句话说，如果该企业提取的管理费收入减运营管理总成本有盈余，那么全体先锋基金的基民共同分享这些利润，因此可以说这是一支真正的共同基金。到 2010 年，先锋 500 已经有了 25 年的成功经验，并且显示了指数型基金投资的优势，成为众多基金模仿的对象。其坚持的“以市场平均价格买入股票”，也成为一种可以被接受的投资策略。

2.风险低

主动型基金的经理人因投资策略和投资风格存在差异，导致基金具有不同的投资绩效和风险。比如激进类基金经理人，喜欢投资于新兴科技类股票，这类股票通常上市时间不长，未经充分市场检验，并且由于市场爆炒导致泡沫很大，一旦价值回归或者成长受到影响，股价顷刻间就会土崩瓦解。比如2000年的纳斯达克高科技股泡沫破灭，就导致很多主动型基金损失惨重。

比如喜欢玩重组概念的基金经理人，很喜欢投资ST类股票。2012年7月底中国证监会限制ST类股票每日涨跌幅为1%的传闻，让ST类股票集体跳水，给这类投资者带来很大的损失。

有喜欢玩高铁概念的基金经理人，在2010年可以说赚得盆满钵满，但是随着2011年高铁概念崩溃，这类基金损失惨重，甚至个别基金经理不得不关闭基金。

由于投资策略和投资风格具有倾向性，导致大多数主动型基金的风险没有充分分散。华尔街的投资历史一再表明，80%的主动型基金跑不过指数。

指数基金则凭借广阔的市场代表性和充分的分散化，极大地降低了投资风险。以沪深300 ETF指数基金[①]为例，沪深300 ETF跟踪的是沪深300指数，沪深300指数样本覆盖了沪深市场60%左右的市值，覆盖了银行、钢铁、石油、电力、煤炭、水泥、家电、机械、纺织、食品、酿酒、化纤、有色金属、交通运输、电子器件、商业百货、生物制药、

① 沪深300ETF是以沪深300指数为标的的在二级市场进行交易和申购/赎回的交易型开放式指数基金。投资者可以在ETF二级市场交易价格与基金单位净值之间存在差价时进行套利交易。沪深300指数是国内基金选择作为业绩基准最多、涉及资产规模最大的指数之一：根据Wind统计，截至2012年2月5日，国内共有21只以沪深300指数作为基准的指数型基金，总规模接近1000亿元人民币。在海外，沪深300指数也是海外资产管理公司跟踪最多、涉及资产规模最大的A股指数标的之一，根据Bloomberg统计，截至2012年2月5日，共有10只跟踪沪深300的海外基金产品，总规模接近20亿美元。

酒店旅游、房地产等数十个主要行业的龙头企业。由于剔除了 ST 类股票，该指数的盈利能力高于整体市场。另外，该指数还按 1 年以来的成交金额排名，剔除成交金额排名靠后的股票，这样保证了指数充足的流动性。广泛的行业代表性，充分分散，高于整体市场的盈利能力以及充足的流动性，都大大降低了指数基金投资的风险。

3.便于监督

主动型基金通常会告知投资者一个非常宏观的投资理念，比如概念投资、价值投资、成长投资、新兴市场投资等。出于市场竞争保密的需要，基金管理人通常不会告诉投资者细化到可以完全复制的投资策略。这就导致投资者对基金经理人的信赖只能建立在基金经理人过去业绩的基础之上。

中国的基金发展历史较短，快速扩张的基金市场缺乏大量人才，不少基金经理人甚至只有不足 3 年的基金执掌经验，连过去的业绩都无法考察，投资者几乎完全无法掌控基金的运作情况，全凭纯粹的信任，这就导致层出不穷的损公肥私等老鼠仓现象出现。老鼠仓是指庄家在用公有资金拉升股价之前，先告知关系人在低位建仓，待用公有资金拉升到高位后，个人仓位率先卖出获利。

相比发达国家上百年的股市管理经验，中国股市发展历史较短，管理者历练不足，管理措施不够规范和成熟，这就导致庄股横行。股市有句俗语：无庄不成股。当然，这种说法或许有些夸张，但至少说明股市坐庄的现象不少。

在大大小小的庄股中，有不少基金是庄股的主力队员。坐庄本来就是为了盈利，但基金坐庄则少有赚钱的，原因就在于基金把股价拉升到一定高位后，大量在底部建仓的老鼠仓蜂拥出货，基金又在高位接盘，导致基金亏损累累，老鼠仓却赚得盆满钵满。比如原长城基金经理韩刚，2009 年因私设老鼠仓，利用非公开信息买卖股票获利 27.7 万元，在证监会查处后被判刑 1 年，成为中国证券市场因老鼠仓坐牢的第一人。

指数基金由于完全跟踪标的指数，投资策略是公开透明并可复制的，因此便于投资者监督管理，不用担心个股坐庄的投资风险，也不用担心老鼠仓风险。另外，基金经理人的投资绩效也非常容易衡量，就是跟踪标的指数的误差。指数基金无需投入太多研究费用，也无需具备超级才能的基金经理人，这一切都让指数基金的管理变得很简单，自然监督也非常容易。

4.轻松投资

杠杆类高风险投资是典型的博弈，胜方赚到的钱就是败方输的钱，主动型基金总体来看也是一个博弈过程，20% 超越指数的主动型基金，实际上赚走了 80% 的输给指数的那部分主动型基金的钱。

要想成为博弈的赢家，就需要投入大量的人力物力去研究怎样战胜对家。比如军事博弈，需要投入大量资源训练军队，防范敌对国家发动战争。体育竞技中，需要投入大量的经费到竞技项目上，训练运动员以赢得比赛。

金融市场的竞争也是极其残酷的，基金公司需要投入不菲的人力管理费用，去挖掘和训练优秀的基金经理人。各基金公司彼此都在投入，试图战胜市场成为赢家，但最终总会有 80% 的基金成为市场的输家，这个不变的铁律将一直延续。与其费尽心思去挖掘或选择优秀的基金经理人，还冒着 80% 的风险成为市场输家，不如轻松投资指数基金，然后安稳睡大觉。

5.2 更胜一筹的基本面指数

股票指数是由代表市场的一揽子股票组成的。在购买指数时，资金是怎样分配到组成指数的每只股票上的呢？目前主流的股票指数是采用市值加权的方式进行股票权重分配，比如标普500指数就是采用市值加权。

什么是市值加权呢？我们举个例子来说明。如表5-1所示，假设一只最简单的股票指数由5只股票组成，则组成指数的每只股票的权重，按照该只股票的全流通总市值占5只股票全流通总市值之和的比例进行配比。比如股票A的全流通总市值是10亿元，5只股票的全流通总市值之和是100亿元，则股票A的配比权重为10%，依此类推，其他股票的配比权重也可以计算出来。

表5-1　市值加权模拟指数示例

股票	2000年1月		2010年1月	
	全流通总市值	权重	全流通总市值	权重
股票A	10亿	10%	100亿	10%
股票B	10亿	10%	100亿	10%
股票C	20亿	20%	200亿	20%
股票D	30亿	30%	300亿	30%
股票E	30亿	30%	300亿	30%
合计	100亿	100%	1000亿	100%

我们要问的是，这种权重配比方式是否是最优的？也就是这种权重配比方式获得的投资回报是否是最大化的？我们接下来继续分析。

1.市场有效与无效下的投资收益对比

首先假设市场一直是有效的，即股市不存在泡沫的情况下，看看投资该模拟指数的年均复利增长是多少？

如果市场一直是有效的，意味着股市没有泡沫，在任何一个时刻股票的价格都等于价值。在市场一直有效的情况下，按表 5-2 所示的市值加权模拟指数进行投资，在 2000 年 1 月投资 1 万元，到 2010 年 1 月该笔投资增长到 10 万元，年均复利增长 26%。

表5-2 市值加权模拟指数示例

股票	2000年1月		2010年1月	
	全流通总市值	权重	全流通总市值	权重
股票 A	30 亿	25%	100 亿	10%
股票 B	10 亿	8.3%	100 亿	10%
股票 C	20 亿	16.7%	200 亿	20%
股票 D	30 亿	25%	300 亿	30%
股票 E	30 亿	25%	300 亿	30%
合计	120 亿	100%	1000 亿	100%

再来假设市场是无效的情况，即股票 A 在 2000 年 1 月存在泡沫的情况下，看看年均复利增长是多少？假设 2000 年 1 月股票 A 存在 3 倍的泡沫，并在 2010 年回归到本来的价值，也即在 2000 年 1 月股票 A 的全流通市值是 30 亿元，到 2010 年 1 月回归到 100 亿元价值。为了简化计算，另假设其他 4 只股票一直都不存在泡沫。按市值加权方式，在 2000 年 1 月投资 1 万元，分配权重如表 5-2。那么该笔投资在 2010 年 1 月仍然增长到 10 万元，年均复利增长为 23.6%。

这也就是说，在市场一直有效和没有泡沫的情况下，该模拟指数年均复利增长率为 26%。一旦市场无效，其中一只股票存在泡沫的情况下，该模拟指数的年均复利增长下降了 2.4%，即为 23.6%。如果其他 4 只股票也存在泡沫，则复利增长率更低，也即投资回报会更低。

这个模拟指数案例说明：

（1）按照市值加权方式分配股票权重，在市场无效情况下的投资收益，低于市场一直有效下的投资收益。

（2）市值加权指数的权重配置方式，会造成泡沫越高的股票配置越多的权重，导致投资回报率降低。

市场究竟有没有效？前面已经作过分析，结论是“市场并非一直有效的”。金融市场无论是个股还是整体市场，都会经常发生剧烈波动，甚至阶段性发生金融危机，这说明市场经常是无效的。这也就是说市场的无效是铁律，并非是我们能够改变的，要提高投资回报率，只能在指数的权重分配方式上寻找突破口。

据锐联资产管理公司[①]研究发现，在1926年到2006年的81年中，如果每年都投资标准普尔500市值排名前10的公司股票，其投资收益是落后于标准普尔500指数的，这表明市值加权指数对泡沫高的股票配置过多权重的做法确实降低了投资回报率。对于现有市值加权指数对高估的股票配置过多权重而对低估股票配置过少的权重，先锋基金的创始人约翰·博格尔也认同此观点。

如何解决市值加权指数对高估股票配置过多权重这个缺陷？通过研究证实，有两种解决方案，一是采用等权重指数[②]，二是采用基本面指数[③]。

---

① 锐联资产管理有限公司，是由罗伯特·阿诺德和许仲翔博士于2002年创立的，位于美国加州的新港湾市，是一家专精于以数量化模型投资方式对投资组合进行创新优化管理的资产管理公司。该公司主要的投资产品和服务是提供基本面指数和全球策略性资产配置的投资策略。目前全球通过锐联公司投资策略管理的资产已达数百亿美金。

② 等权重指数，是指标的指数采用等权重编制方法，赋予每个指数成份股相同的权重，并通过定期调整，确保单个成份股保持权重相等。等权重指数编制方法的优势，是规避了市值加权指数编制方法中成份股市值越大，权重越高的现象。市值加权指数以成份股市值为加权因子，成份股市值越大，其在指数中权重越高。而股票市值又等于股本乘以股票价格，也就是股票价格越高，该股票在指数中的权重也越大，这有悖于价值投资原则。等权重指数编制方法则赋予指数成份股相同的权重，并通过定期调整机制，对指数成份股进行高抛低吸，将一段时间涨幅过高的股票卖出，从而规避了上述风险。

③ 基本面指数是以股票公司的净资产、现金流等基本面财务数据进行样本股的选样和指数加权计算，打破了样本股价格与其权重之间的联系，使得基本面经济规模大的股票获得较高的权重，在一定程度上减少了高估股票在组合中权重过高的现象。作为一种独特的投资策略型指数，基本面指数问世以来，受到了众多养老基金、共同基金等机构投资者的欢迎，并获得了2005年威廉夏普最佳指数研究奖。截至目前，全球基于基本面指数的ETF和指数基金已分别超过30只和20只。

2.提高投资收益方法之一：等权重指数

标准普尔500等权重指数不是按市值大小赋予权重，而是对组成指数的每只股票赋予相同权重，这意味着某只股票一旦被高估，不会因此而分配更多的资金，从而减少在股价虚高时接盘带来的损失。从过去20年的统计分析情况看，标准普尔500等权重指数比标准普尔500指数平均年化收益率要高1.5%。

等权重指数还有一个优势，就是可以避免行业太过于集中。中国的股票市场，存在显著的大金融左右股市的现象，以银行、保险及证券等为代表的金融股市值，在大盘股票中的占比超过3成，加上房地产这样的广义金融股，按市值加权的指数几乎就是一个金融行业指数，按这一指数投资，等于把一半的鸡蛋都放在一个篮子里，不能达到指数对行业充分分散的目的，对整体投资组合带来较大风险。

等权重指数有助于降低这一风险。按照等权重计算方式，各行业之间权重配比的合理性远超市值加权方式，有效避免了金融股一家独大的现象。

等权重涉及到的一个基本投资理念是：买涨卖跌还是买跌卖涨？对于市值加权指数的成分股来说，随着股价的上涨，其在指数中所占的权重也就越高，同理下跌的股票权重也会随之减小，这是典型的买涨卖跌。等权重指数的成分股则不同，上涨的股票在调整时会被卖出一部分，而下跌的股票在调整时会被买入一部分，这是典型的买跌卖涨。

买跌卖涨借鉴了价值投资原理，而买涨卖跌有点像通常所说的追涨杀跌。追涨杀跌是普通人投资失败的一个重要原因，而价值投资策略正是巴菲特胜出的重要原因。标准普尔500等权重指数之所以比标准普尔500指数年化收益率高出1.5%，其中等权重分配策略带来的价值投资效应是一个重要原因。

等权重指数比市值加权指数带来更高收益的同时，也并非没有问题，等权重指数带来的一个重要问题就是市场容量问题。大公司与小公司分配同等权重，这对普通小投者来说影响不大，但对机构型投资者的超大规模资金来说就是一个问题了，毕竟小公司的市场容量是有限的，如果大量资金分配到小公司上，会拉高小公司股价，从而产生泡沫，这样反过来会导致投资收益下降。

怎样解决等权重指数的市场容量问题？有没有更好的股票指数方案？后面介绍的基本面指数，就能有效解决市场容量的问题，并能获得超越传统市值加权指数的投资收益。

3.提高投资收益方法之二：基本面指数

基本面指数是锐联资产管理公司主席罗伯特·阿诺德于 2005 年创建的，自创建以来取得了 200 亿美金的资产管理规模。

基本面指数依据上市公司的营业收入、净利润、净资产以及分红等经济规模指标来分配股票权重，使得基本面经济规模大的股票获得较高权重，在一定程度上减少了高估股票在指数投资组合中权重过高的现象。作为一种独特的投资策略型指数，基本面指数问世以来受到了众多养老基金、共同基金等机构投资者的欢迎，并获得了 2005 年威廉夏普最佳指数研究奖。

锐联资产管理公司研究表明，从 1962 年到 2007 年间，锐联基本面指数比标准普尔 500 指数的年化收益率要高出 2%。当然，基本面指数并非每年都能战胜市值加权型指数。在大牛市期间，基本面指数有接近一半的时间优于市值加权指数；在牛市进入缓和期，基本面指数有 97% 的时间好于市值加权指数；在熊市时，基本面指数收益率比标准普尔 500 指数高出 5%。

如表 5-3 所示，无论是从单个经济规模指标的权重分配，还是从几个经济规模指标组合的权重分配，基本面指数的收益率均超过市值加权指数。当然，采用几个经济规模指标组合进行权重分配的复合指数，比单一指标进行权重分配的指数更有广泛的代表性。

表5-3 基本面指数和市值加权型指数收益率对比

（美股 1962–2007 年）

指数	年化收益率	超额收益率
标准普尔 500 指数	10.3%	0.0
基本面指数 – 净资产加权	11.9%	1.6%
基本面指数 – 净利润加权	12.4%	2.1%
基本面指数 – 营业收入加权	12.7%	2.4%
基本面指数 – 分红总额加权	11.9%	1.6%
锐联基本面美国大盘综合指数	12.3%	2.0%

资料来源：锐联资产管理公司

采用单一指标有它的弱点。根据锐联资产管理公司的研究数据，采用分红加权指数会将美国超过一半的上市公司剔除，特别偏好于金融业、公用事业和消费品行业；采用营业收入加权指数，会明显偏爱那些营业收入很高而边际收益低的公司，而不是偏向高获利的公司，比如贸易类公司的营业收入较高，利润则较低，像沃尔玛就是美国营业收入最高的公司；采用净利润加权指数，则明显偏爱那些具有周期性收益的公司，尤其在收益周期的高峰期表现明显，比如埃克森美孚在净利润中排名第一；采用净资产加权指数，明显偏向采用激进会计政策的公司，另外，那些拥有巨额净资产的资本密集型公司，也会比那些更依赖人力资源以及知识产权的公司在指数中占有更多的比重，比如美国银行就在净资产权重组合中排名第一。

我们再来看看基本面指数应用于行业的情况。如表 5-4 所示，在长达 17.5 年的测试期内，10 个行业中有 9 个行业的基本面行业指数获得了高于市值加权行业指数的收益，其中有 8 个行业的超额收益分布在 1.7% ~ 2.6% 范围内。此外，日常消费、医疗保健以及信息技术这 3 大传统成长型行业的超额收益最高，分别达到 2.5%、2.4%、2.6%。只有可选消费这种周期性强的行业表现略为逊色，这可能与可选消费的品牌效应有关系。一个具有良好品牌效应的商品，即使价格再昂贵也可以留住买家，因此这些具有品牌效应的公司，估值倍数能够在较长一段时间内居高不下。

表5-4　10个行业收益率对比

（美股 1989 年 10 月 -2007 年 6 月）

行业	锐联基本面指数	标准普尔500指数	超额收益率
可选消费	9.4%	9.8%	-0.3%
日常消费	14.0%	11.5%	2.5%
能源	16.1%	14.3%	1.7%
金融	15.6%	13.3%	2.3%
医疗保健	15.0%	12.6%	2.4%
工业	13.3%	11.3%	2.0%
原 材 料	11.1%	9.3%	1.7%
电信业务	7.5%	7.1%	0.4%
公用事业	11.7%	9.3%	2.4%
信息技术	13.5%	10.9%	2.6%

资料来源：锐联资产管理公司

表 5-5 是截取的锐联基本面指数部分研究数据。根据锐联的研究，在全球范围内，基本面指数有 88% 的概率超过广泛使用的 MSCI 欧澳

远东指数[①]收益，在新兴市场中始终拥有超额收益，在美国小盘股中则有99%的概率获得超额收益。这些超额收益的存在，证明市场并非是一直有效的，错误定价是广泛存在的。

表5-5　8个国家和地区收益率对比

（1984－2007年）

国家和地区	锐联基本面指数	MSCI欧澳远东指数	超额收益率
澳大利亚	16.3%	14.0%	2.3%
加拿大	13.4%	10.7%	2.7%
法国	16.9%	12.9%	3.9%
德国	13.8%	10.9%	2.8%
中国香港	22.2%	18.6%	3.6%
日本	7.1%	4.3%	2.8%
英国	15.0%	12.1%	3.0%
美国	14.4%	12.4%	2.0%
平均值	14.9%	12.0%	2.9%

资料来源：锐联资产管理公司

为何基本面指数能够取得这么优异的投资绩效？我们来分析一下。假设市场是有效的，市值加权的投资组合即为最有效的投资组合。前面已经论证过，市场并非是一直有效的，1636年荷兰的郁金香泡沫，1720年英国的南海公司泡沫，1929年美国股市泡沫，2000年美国的纳

① MSCI欧澳远东指数是由摩根斯坦利国际资本公司（MSCI）编制的跟踪欧洲、大洋洲和远东地区股票表现的指数，该指数基于MSCI全球可投资市场指数（GIMI）编制方法编制。MSCI是一家提供全球指数及相关衍生金融产品标的的国际公司，其推出的MSCI指数广为投资人参考，全球投资专业人士包括投资组合经理、经纪交易商、交易所、投资顾问、学者及金融媒体均会使用MSCI指数。MSCI指数是全球投资组合经理中最多采用的投资标的，根据MSCI估计，在北美及亚洲，超过90%的机构性国际股本资产以MSCI指数为标的。

斯达克高科技股泡沫等，太多历史泡沫事件，一再证明市场一直有效是一种美妙的幻想。在市场无效的情况下，比如庄家操纵、市场概念炒作、突发事件、政策刺激等行为，会导致市场价值在短期内脱离价值，此时采用市值加权方法，就会将过多的资金配置在高估的股票上，使我们的投资遭受损失。如果这些行为的影响只是暂时的，那些被高估的股票将会回到它的本来价值。采用基本面指数的经济规模加权，则会降低该只股票在高估期间的配置权重，这样可以避免买入成本过高，因而能够比市值加权指数获得更高的回报。

根据锐联的研究，在过去42年中，每年市值排名前10的公司，总共有26位后来都跌出了排名前10，这种跌落对投资者带来的是伤痛。而经济规模每年排名前10的公司，只有10家后来跌出了排名前10，这表明基本面指数比市值加权指数表现更稳定，并且比市值加权指数减少了泡沫损失。

基本面指数和市值加权指数代表了两种不同的经济观点，基本面指数按公司现有的经济规模对每只股票分配权重，反映的是当前经济，市值加权指数按公司市值对每只股票分配权重，反映的是未来经济，有些高市盈率的股票则预支了未来10多年的收益。研究表明，人们预期未来收益的能力相当弱，对未来1年的预期尚且模糊不定，何况未来5年甚至10年的预期，那根本就是不可预期的。

20世纪80年代初期，国际油价持续高涨，能源股的权重在短短3年时间内变为原来的2倍，达到30%。人们预期石油很快会突破每桶100美元，可这一预期时隔25年后才实现。在后来的科技股泡沫中，能源股权重甚至一度跌到5%以下，人们为预期付出了沉重的代价。如果预期是错误的，投资者会面临更大的风险；如果预期是对的，由于投资者事先已经为它的成长预支了收益，投资者也仅仅是获得了市场平均回报而已。

喜欢行业配置的基金经理，总是高估一些行业的重要性，同时又过分轻视另外一些行业。可是市场总是风水轮流转的，在过去的历史中，行业总是在不断地轮动。喜欢小盘股的基金经理会高估小盘股的前景，可大盘股与小盘股在历史上是轮番占据主导地位。

喜欢个股选择的基金经理对所选择的股票未来充满自信，可在过去 80 年中，排名前 10 的股票，只有 3 只战胜了标准普尔 500 的平均收益。市场在永恒不断地变化，基本面指数迎合市场的变化不断作出调整，而基金经理的投资偏好却跟不上市场变化的步伐，这也使得大多数基金经理的投资绩效落后于基本面指数。

当市场阶段性无效时，基本面指数的投资绩效优于市值加权指数。从历史上看，过去无论是整体股市或是行业及个股的泡沫崩溃。表明在可见的未来，市场依然会持续阶段性无效，在这种情形下，投资基本面指数是不错的选择。

当市场完全有效时，基本面指数的投资绩效和市值加权指数相同，投资基本面指数不会比投资市值加权指数带来更多损失。喜欢指数投资的你，相信已经作出明智的选择。

5.3 优胜劣汰，进化投资

上百年来，市值加权指数取得了优异的投资成绩，可市值加权指数并非完美无缺，因为市场并非是一直有效的，而是会不断偏离价值产生泡沫。市值加权指数容易在高估的股票上配置过多权重，这会导致投资绩效下降。

为了解决这个缺陷，锐联资产管理公司经过大量研究，推出以经济规模方式加权的基本面指数，有效解决了这个缺陷。那么我们不禁要问：基本面指数投资方式是否是最完美的一种投资方式了？股市还有没有更好的投资方式可以长期超越指数？

对于这个疑问，前面已分析过，价值派和成长派是超越市场指数的赢家，成长派将是超越市场指数的终极赢家。虽然基本面指数改善了市值加权指数的缺陷，获得了高于市值加权指数的回报，但投资指数始终只能获得市场平均水平的回报。

在股市中，有优秀的上市公司，有劣质的上市公司。要想获得超越指数的回报，选择优秀的成长型上市公司进行投资，可以说是根本法宝。按照前面讲解的选择优质成长股的原则，在可长期增长的市场中，选出具有可持续竞争优势的企业，你将踏上大牛股的成长步伐，获得大牛股带来的丰厚回报。

选择了优质成长股，是否就一劳永逸了呢？接下来对这一问题作进一步分析。

18 世纪中叶，瓦特改良蒸汽机，拉开了工业革命的序幕，由此开始，一系列技术发明革新推动人类从手工劳动向机器大生产时代转变，工业革命又带来了城市化、交通运输、生产制造等领域的大变革。

19 世纪末，人类开始迈入电气时代，这一时期以大批量标准化生产为主要特征。著名的福特汽车公司，就在汽车生产工艺上创新发明出“流水线”方法，大大降低了生产成本，并且大幅提高了生产效率。

20 世纪中叶以后，计算机的发明推动人类进入信息时代，这一时期诞生了许多世界级的优秀企业，微软、英特尔、谷歌等 IT 巨头家喻户晓。每一轮科技创新和发明创造，都会诞生一大批优秀的成长型企业，也淘汰掉许多夕阳企业。在科技创新的推动下，市场遵循着永恒不变的优胜劣汰法则。

“优胜劣汰，适者生存”本是生物界的进化法则，但在残酷竞争的商业社会同样适用，更优秀的公司可以获得更多的生存机会。市值加权指数和基本面指数同样遵循市场优胜劣汰原则，作为成长派投资人，买入优质成长股后并非一劳永逸，还需要在股市中继续寻找更好的优质成长股，建立优胜劣汰的进化机制，这样可以始终站在股市进化大潮的前沿。

那到底该建立什么样的优胜劣汰进化机制呢？主要从5个方面建立优胜劣汰的进化投资策略：一是依据过去成长性；二是依据未来成长性；三是依据当前价值；四是依据现金流风险；五是依据经济指标加权。

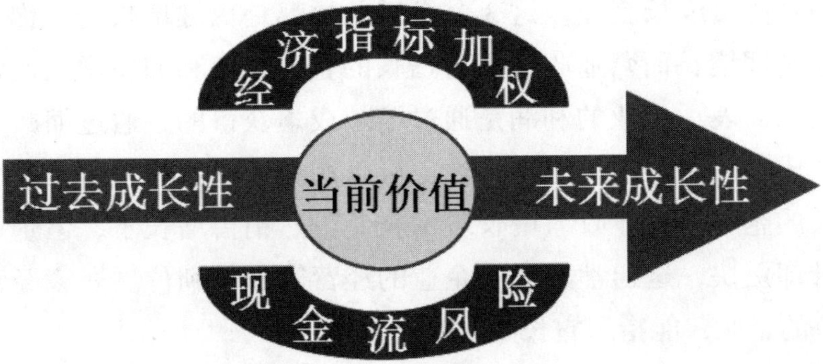

图5-1 进化投资模型

1.依据“过去成长性”优胜劣汰

企业成长具有惯性，过去成长良好的企业，一般来说会保持继续成长的趋势，因此投资过去成长良好的上市公司，胜算的概率会更大。

怎样判断上市公司过去的成长情况是否良好呢？前面讲解“股市照妖镜”时，介绍了3个可以用来判断公司过去成长情况的指标，并可以用这3个指标进行优胜劣汰，这3个指标分别是：营业收入增长率、净利润增长率、净资产增长率。营业收入增长率用来衡量公司的销售增长情况，净利润增长率用来衡量公司的利润增长情况，净资产增长率用来衡量公司的资产增长情况。

为了减少财务数据造假风险，对这3个指标的考察时间应不少于5年。对于那些上市时间不足5年的企业，可以直接淘汰掉，不必担心错过优质成长企业。真正优质的成长型企业，可以保持几十年的稳健成长，可口可乐就是典型例子。

增长速度需要稳健适中，太快太慢都会出现问题。太慢则成长性不足，太快容易超出掌控范围，一般来说增长速度控制在 20% ~ 30% 之间较为合适。投资者可以依据这一增长标准，淘汰掉增长太慢或者太快的企业。

一家优质成长企业，这 3 个指标通常都是稳健增长的，你可以淘汰掉净利润增长而营业收入没有增长的企业。净利润在增长而营业收入未增长，表示企业的利润是通过缩减成本获得的，通过缩减成本维持企业成长并非是长久之计。你也可以淘汰掉营业收入增长而净利润未增长的企业，营业收入增长表示企业虽然销售增长了，但企业的成本上升却更快，这通常意味着企业的经营管理不到位。一家经营管理不到位的企业，能指望它长期成长吗？

如表 5–6、表 5–7、表 5–8、表 5–9 所示，家电企业 A 的营业收入和净利润都在稳健增长，可以将其选入股票池。家电企业 B 的营业收入在稳健增长，净利润却在原地踏步，表明家电企业 B 的成本上升较快，因此家电企业 B 属于淘汰对象。如表 5–10、表 5–11 所示，家电企业 C 无论是营业收入还是净利润都在原地踏步，表明企业竞争力不强，也属于淘汰对象。

表5–6　家电企业A营业收入

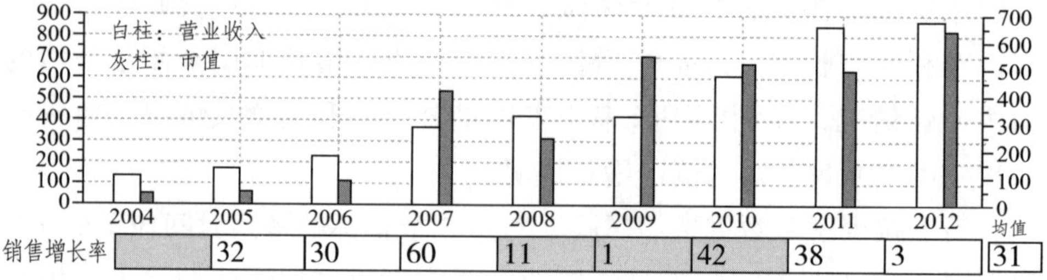

表5–7　家电企业A净利润

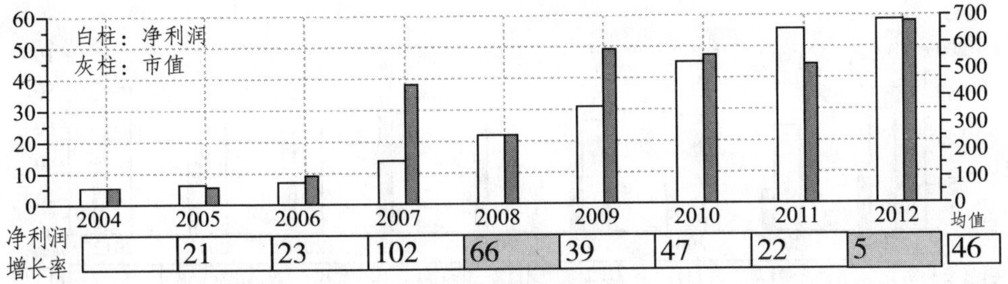

表5–8　家电企业B营业收入

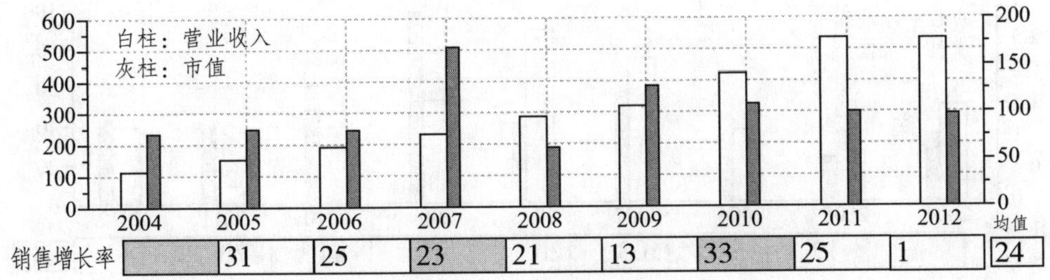

表5–9　家电企业B净利润

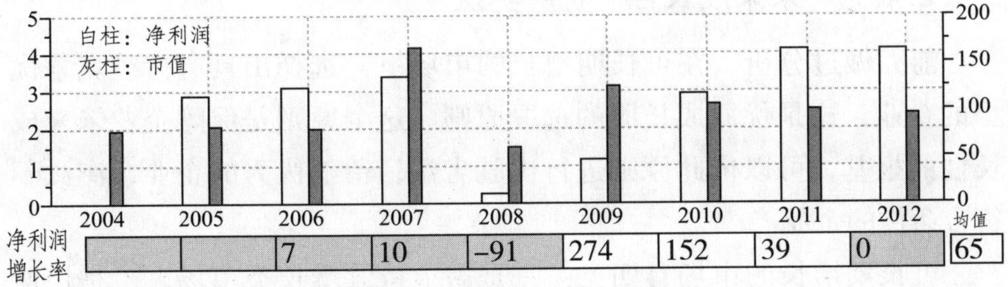

在判断企业“过去成长性”时，给你一个技巧性提示，从图形中看3个指标的增长趋势非常重要，不要仅仅依据3个指标的增长率，比如家电企业A的利润增长率均值为46%，没有家电企业B的65%高，但从图形趋势上可以明显看出，家电企业A的净利润在稳健增长，而家电企业B的净利润则在原地踏步。

表5-10 家电企业C营业收入

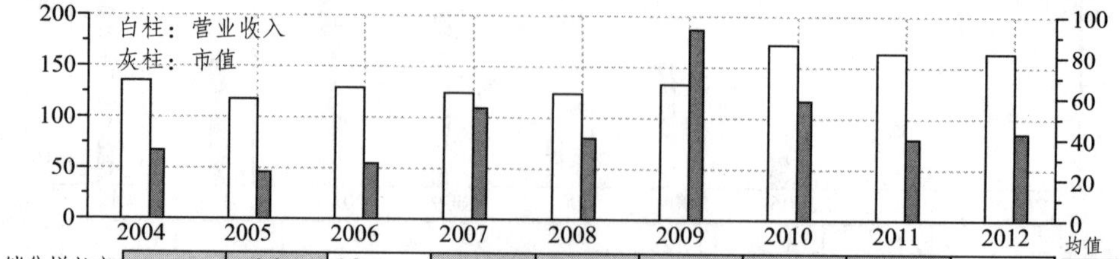

	2004	2005	2006	2007	2008	2009	2010	2011	2012	均值
销售增长率		-14	10	-4	0	9	29	-5	1	4

表5-11 家电企业C净利润

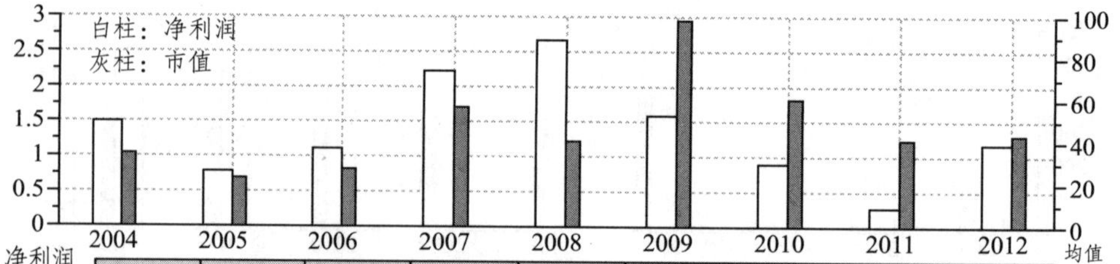

	2004	2005	2006	2007	2008	2009	2010	2011	2012	均值
净利润增长率		-49	43	103	20	-40	-44	-70	348	-5

2.依据“未来成长性”优胜劣汰

前面做过分析，在可长期增长的市场里，选择出具有持续竞争优势的企业，这是优质成长股的选股原则。这个原则是保障企业未来成长性的根基，可以依此原则进行优胜劣汰，留下优秀的企业，淘汰不符合条件的企业。

可长期增长的市场有四类：一是需求持续增长类市场，二是快速消费类市场，三是信息技术类市场，四是可持续提价类市场。

有五类企业是具有持续竞争优势的企业：一是以更低的成本或价格提供产品或服务，二是公司建立了产品差异化的品牌，三是创造了较高的转换成本锁定消费者，四是建立了较高的进入壁垒，把竞争者阻挡在门外，五是优秀的公司治理能力将竞争对手甩在后面。

下面分别来举例，说明怎样利用这些原则进行优胜劣汰。

可长期增长的市场之一：需求持续增长类市场。可以依此原则选择像家电、汽车等需求持续增长类行业（市场）的上市公司，淘汰掉那些市场空间狭小，需求即将减缓或停滞，以及即将没落的行业。比如机场、港口、旅游景点类上市公司，虽然拥有独一无二的地理位置优势，但不能像连锁企业一样，将产品销售扩展到别的地方，市场空间非常局限。

可长期增长的市场之二：快速消费类市场。可以依此原则选择像食品、饮料、服装、化妆品、日用品等快速消费类行业的上市公司，淘汰掉房地产、建材、家具等消费更新速度很慢的上市公司。

可长期增长的市场之三：信息技术类市场。可依此原则选择像互联网、软件等信息技术类行业的上市公司，淘汰掉柯达这类技术走向没落的上市公司。

可长期增长的市场之四：可持续提价类市场。可依此原则选择像烟草、酒类、奢侈品等主动提价类行业的上市公司，也可选择像食品、饮料、日用品等被动提价类的上市公司，淘汰掉消费电子产品类上市公司，这类公司不但提不了价，还经常因为新技术和新产品的更新换代而受到强烈冲击。

具有持续竞争优势的企业之一：以更低的成本或价格提供产品或服务。可依此原则在需求持续增长类市场中选择4类成本很低的上市公司：一是通过管理和流程变革降低生产经营成本的上市公司，比如戴尔、沃尔玛类公司；二是拥有地理位置优势，使得成本很低的上市公司，比如水泥、石材类公司；三是拥有资源优势，使得成本很低的上市公司，比如国阳新能、盘江股份等公司；四是拥有庞大规模优势，使得成本很低的上市公司，比如英特尔、UPS等公司。淘汰那些不具有成本优势的企业，比如AMD这样的在成本控制方面相较英特尔逊色一筹的公司。

具有持续竞争优势的企业之二：建立了产品差异化的品牌。可以依此原则在食品、饮料、服装、化妆品、日用品等快速消费类行业中，选择建立了产品差异化品牌的公司，比如麦当劳、可口可乐、耐克、贵州茅台等，淘汰那些没有品牌效应或者在消费者心中品牌差异不明显的公司。

具有持续竞争优势的企业之三：创造较高的转换成本锁定消费者。可以依此原则选择在互联网、软件、银行、证券、保险等行业中拥有庞大的用户群体，并能牢牢锁住消费者的公司，比如腾讯、百度、网易等，淘汰那些用户锁定能力相对较弱的公司。

具有持续竞争优势的企业之四：建立了较高的进入壁垒，把竞争者阻挡在外。可以依此原则选择在烟草、炸药、农药、医药等拥有特许经营权的行业中具有垄断型竞争优势的公司，比如通过申请大量的药品专利来阻止竞争对手竞争的美国辉瑞制药公司。

具有持续竞争优势的企业之五：优秀的公司治理能力，将竞争对手甩在后面。优秀的公司治理通常具有下列特征之一：公司股权结构简单，企业对管理层依赖度不高，具有强有力的企业领导人，有正确的公司战略以及优秀的管理团队。可以选择股权结构简单的公司，淘汰像国美、雷士照明等股权结构复杂、管理层内斗的公司；可以选择像贵州茅台这样对管理层依赖度不高的公司，淘汰掉那些经营多元化、管理复杂的公司；可以选择具有强有力领导人的公司，比如海尔的张瑞敏、联想的柳传志、华为的任正非等优秀领导人，对企业的发展都起到了关键作用，淘汰掉那些企业管理复杂而企业领导人能力较弱的公司。

3.依据“当前价值”优胜劣汰

价值投资是巴菲特的制胜之道，评估上市公司是否存在泡沫，可以避免买入价值高估的股票，减少投资风险，提高收益率。投资者可以依据“股市照妖镜”中介绍的 3 个指标，判断公司过去和当前价格是否高估，并用这3个指标进行优胜劣汰。这3个指标分别是：市盈率、市净率、市销率。

运用这3个指标时，要注意两个原则：一是在行业内比较，不要在不同行业之间比较。不同行业之间因资产结构不同，指标差异非常大，不具有可比性。二是在公司历史以来主营业务变化不大的情况下，可以进行纵向比较。如果主营业务变化较大，进行纵向比较也没意义。

下面举一个例子，说明怎样依据“当前价值”的历史比较原则来避开泡沫股票。如表5-12、表5-13所示。

表5-12 民生银行市盈率

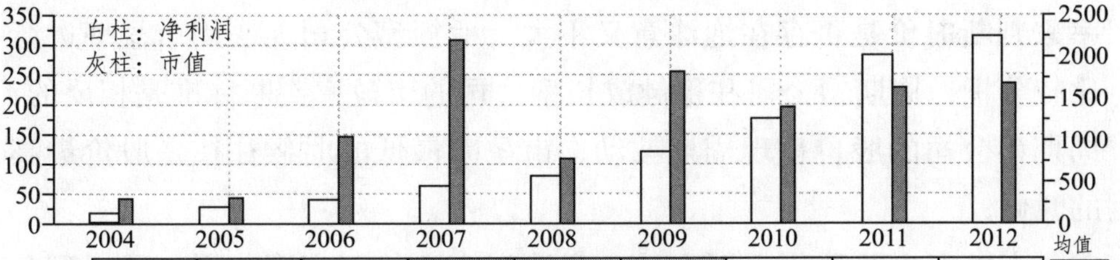

	2004	2005	2006	2007	2008	2009	2010	2011	2012	均值
市盈率	14	11	27	34	10	15	8	6	5	16

表5-13 民生银行市净率

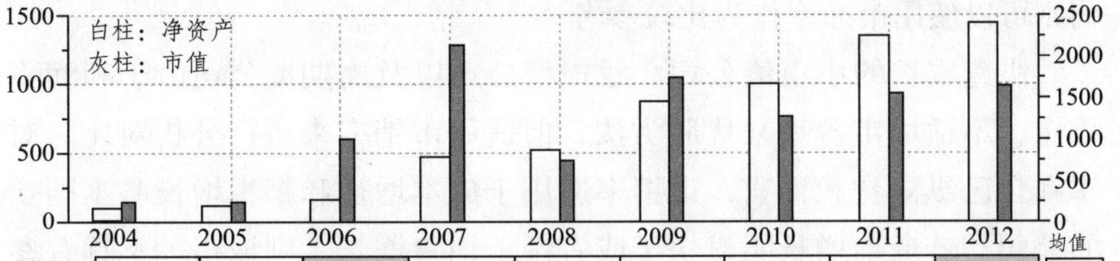

	2004	2005	2006	2007	2008	2009	2010	2011	2012	均值
市净率	2.2	1.9	5.4	4.3	1.4	2	1.3	1.2	1.1	2.5

从市盈率来看，民生银行2006年的市盈率是27，2004年的市盈率是14，2006年的市盈率差不多是2004年市盈率的两倍，这个时候已经明显存在泡沫了，因此2006年不能再买入。

2008年全球金融危机导致中国股市大跌，民生银行市盈率跌到

10，市净率跌到1.4，比2005年的历史低位还低，这个时候可以明显放大持仓比例。这样可以明显避开2007年的泡沫，并且在2008年获得低位买入的机会。

2007年要不要卖出民生银行？这取决于其市盈率和市净率是否处于历史高位。若处于历史高位，可以卖出；若没有达到历史高位，可以继续持有。作为成长派投资人，重在避开明显泡沫期买入，而不是在有泡沫时就立即卖出。

用市盈率进行优胜劣汰，要注意其适用范围。市盈率适用于稳健成长的大市值公司，不适用于快速成长的小公司，也不适用于亏损型公司和周期型公司。快速成长的小公司通常市盈率都非常高，用市盈率来判断股价是否存在泡沫意义不大。亏损型公司无法用市盈率进行比较分析，周期型公司和稳健成长型公司的市盈率判断标准是相反的，周期型公司的股价呈现周期波动，市盈率最低的时候往往是股价最高的时候。

市净率主要适用于以土地、房地产为主的资产型公司。亏损型公司和周期型公司由于无法用市盈率来比较，所以可以采用市净率作为参考。快速成长的小公司不建议用市净率进行比较，而稳健成长的公司则可以使用市净率作为比较参考。

快速成长的小市值公司、亏损型公司以及周期型公司由于利润不稳定，不适用市盈率来优胜劣汰，但适用市销率来进行分析对比。对于和自己纵向比较而言，市销率适用于成本增长和销售增长基本同步的公司。若成本增长明显快于或者慢于销售增长，则该指标不具有参考意义。

4.依据“现金流风险”优胜劣汰

现金流是现代企业赖以生存的命脉，淘汰掉有重大现金流风险的企业，可以减少投资风险，提高胜算概率。前面讲解“个股风险”时，分析过企业因经营管理不善引起的现金流风险，风险主要体现在7个方面：一是债务太高；二是应收款过多；三是存货过多；四是客户太过集中；五是关联交易；六是企业担保；七是重大问题或潜在问题。投资者可以根据这7个方面进行优胜劣汰。

下面举一个例子，说明怎样依据“现金流风险”之一的债务风险来进行优胜劣汰。如表5–14、表5–15所示。家电公司X和Y的营业收入、净利润及净资产自2004年以来均保持稳健增长，依据“过去成长性”可以纳入股票池，但两家公司的资产负债率是不同的。

表5–14　家电公司X财务指标

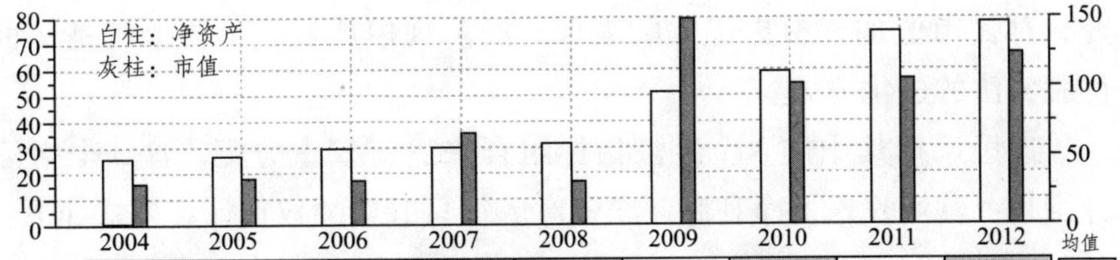

	2004	2005	2006	2007	2008	2009	2010	2011	2012	均值
资产增长率		6	10	2	5	64	15	26	5	18
资产负债率	43	52	46	53	48	51	54	55	49	50

表5–15　家电公司Y财务指标

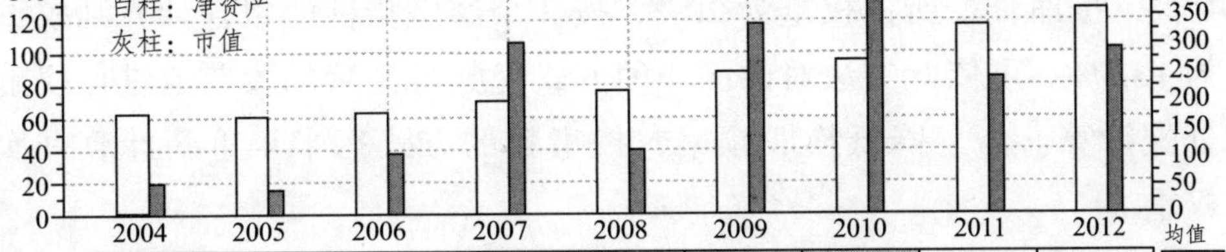

	2004	2005	2006	2007	2008	2009	2010	2011	2012	均值
资产增长率		–2	5	11	9	14	8	22	8	10
资产负债率	13	11	25	37	37	50	68	71	69	39

从表中可以看到，自2004年以来，家电公司X的资产负债率一直比较稳定地维持在50%上下，而家电公司Y的资产负债率从2004年开始节节攀升，由13%攀升到69%，这表明家电公司Y的负债增幅远

超资产增幅，并且超过了 60% 的警戒线。负债高了会对未来的现金流构成潜在影响，因此依据“现金流风险”，可以淘汰掉家电公司 Y，而将家电公司 X 选入股票池。

5.依据“经济指标加权”优胜劣汰

基本面指数依据上市公司的营业收入、净利润、净资产以及分红等经济规模指标来分配股票权重，使得基本面经济规模大的股票获得较高权重，在一定程度上减少了高估股票在指数投资组合中权重过高的现象。

按经济规模加权，无论是从理论分析，还是从锐联公司的统计研究，都比市值加权有更优秀的表现。经济规模加权，本质上就是一种优胜劣汰的进化方式。

这里选择其中的 3 个经济指标组合来进行权重分配，这 3 个指标分别是：营业收入、净利润、净资产。每只股票的权重计算公式如下：

$$\text{权重} = \left(\frac{\text{营业收入}}{\text{营业收入之和}} + \frac{\text{净利润}}{\text{净利润之和}} + \frac{\text{净资产}}{\text{净资之和产}} \right) \times \frac{1}{3}$$

表 5-16 是依据前面公式对 5 只股票组成的股票组合的权重模拟计算，股票 A 按营业收入所占权重为 10%，按净利润所占权重为 10%，按净资产所占权重为 20%，按 3 个经济指标的组合计算则权重为 13.3%。可依此方法对前面 4 种方式优胜劣汰后的股票池进行权重分配计算。为了降低换股频率，按指数的方式每半年重新计算一次权重。

表5-16　股票权重模拟计算

股票	营业收入	净利润	净资产	权重
股票 A	10 亿	1 亿	2 亿	13.3%
股票 B	10 亿	2 亿	2 亿	16.7%

续表

股票	营业收入	净利润	净资产	权重
股票 C	20 亿	2 亿	1 亿	16.7%
股票 D	30 亿	3 亿	3 亿	30%
股票 E	30 亿	2 亿	2 亿	23.3%
总和	100 亿	10 亿	10 亿	100%

介绍了进化投资模型的 5 种优胜劣汰方式，可以进一步将进化投资模型细化，如图 5–2 所示。

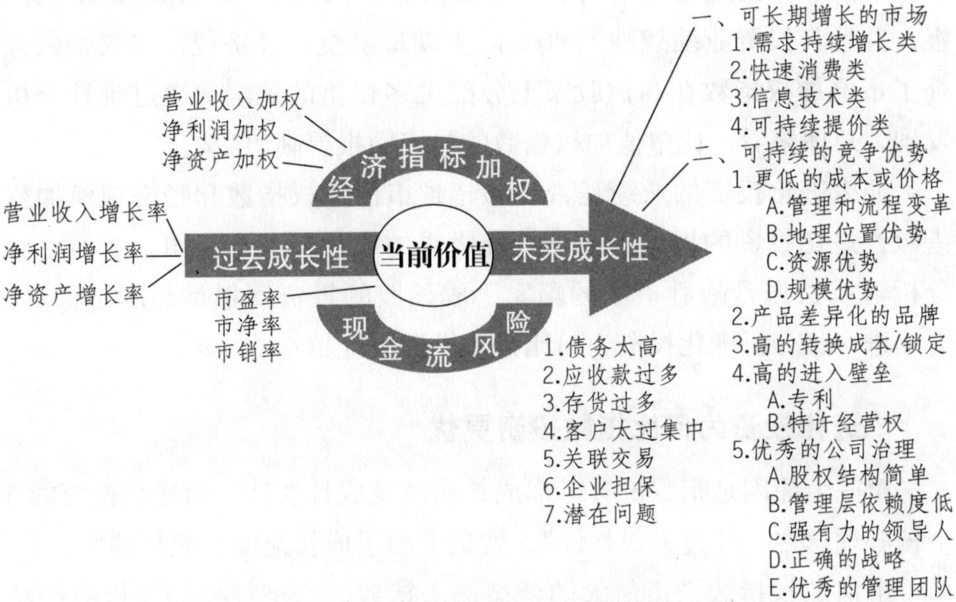

图5–2 细化后的进化投资模型

从 2007 年股价泡沫巅峰到 2008 年的股价低谷，上证指数由 6124 点下跌到 1664 点，跌幅高达 73%。同期采用优胜劣汰的进化投资法则选择贵州茅台、东阿阿胶等 40 只优质成长股持仓，则下跌幅度不到 55%，远低于大盘的下跌幅度。

到 2012 年初，代表大盘的上证指数仍然在 2300 点上下波动，相比

2007年巅峰期下跌了63%，但这40只优质成长股的平均股价已经超过了2007年的最高点。依据优胜劣汰的进化投资法则，在你的股票池里保留下来的永远最优秀的成长股，不但能帮助投资者在经济危机或者金融危机期间防范股价下跌风险，而且还可以获得超越指数的投资回报。

5.4 进化投资的优势

市值加权指数通过市场上百年的检验，取得了年均10%的复利回报，并且其投资业绩战胜了80%的主动型基金。经济规模加权指数弥补了市值加权指数在高估股票上分配更多权重的缺陷，通过统计分析发现，总体来看，比市值加权指数的投资回报要高出2%。

那么进化投资的业绩是否能够超越市值加权指数和经济规模加权指数？进化投资的根本法宝是投资优秀的成长型上市公司，前面已经分析过成长派是战胜市场的赢家，成长股的投资回报是超越指数的。下面进一步分析进化投资为何比指数投资更优越？

1.进化投资为何比指数投资更优

第一个原因是指数没有考虑成长速度及成长惯性，而进化投资的5个核心理念之一“过去成长性”，就是考虑了成长速度及成长惯性。

市值加权指数把市值大的公司选入指数，经济规模加权指数把经济规模大的公司选入指数，但这两类公司不一定就具有成长惯性。比如中国石油，2011年1.5万亿元的流通市值规模，2万亿元的营业收入，1300亿元的净利润，1.1万亿元的净资产，无论是从市值加权还是经济规模加权来看，中石油的权重在指数中的配置比重肯定都是最大的。可是看看过去5年中石油的利润增长情况，就会发现其利润一直在原地踏步，并未增长，利润增长基本为零的上市公司，试想其未来能够增长的概率有多大？按进化投资模型的“过去成长性”进行优胜劣汰，中国石油肯定不会被选入股票池，而是被淘汰的对象。这个例子足以给你带来启示，说明进化投资比指数投资更优。

第二个原因是指数没有考虑可以预见的现金流风险。经济规模加权指数之所以比市值加权指数更优，一个重要的原因就是经济规模加权考虑的是“现在”，而不是“预见”。那么是否所有的预见都是不可靠的？

盲目乐观的预见可靠性不高，但并非所有的预见都不可靠。经过历史反复检验的预见，我们是必须考虑的，比如物理定理就是经过证明并得到检验的，我们做任何决定都是不能违背物理定理的，所以物理定理就可以用来预见未来。当然，经济规律远比物理定理复杂得多，但我们仍然可以从过去的实践中总结出一定的规律，用这些规律去预见未来。经济规律虽然不能像物理定理一样保证百分之百正确，但至少可以提高制胜概率。在进化投资模型中，就考虑了现金流风险，这些现金流风险都是企业经营管理者和成功的投资者在实践中总结出来的，比如巴菲特就非常重视现金流分析。

某一个现金流风险因素未管理好，往往会导致企业现金流失血甚至崩溃。淘汰掉有高现金流风险的企业，至少可以减少指数投资无法回避的投资风险，提高投资者获胜的概率。

第三个原因是指数没有考虑可以预见的未来成长性。经济规模加权指数考虑的是现在而非未来。市值加权指数并非是根据过去的规律预见未来，而是对未来成长性的盲目乐观和高估。进化投资则依据经过市场长期检验的“未来成长性”对未来进行预见，即在“过去成长性”选出的股票池基础上进行优胜劣汰，依据“在可长期增长的市场中，选择出具有持续竞争优势的企业”这一原则，进一步淘汰缺乏长期增长潜力的企业，或者淘汰缺乏竞争优势的企业，这实质上是保障成长惯性延续，减少成长惯性风险，即预见了未来成长性的进化投资比指数更可靠，风险更小。

第四个原因是指数只是被动考虑价值，没有主动考虑价值。经济规模加权指数虽说在防范泡沫上优于市值加权指数，但并没有根本解决泡沫问题，当某只股票无论是和历史比还是和行业比，都已经明显存在很高的泡沫了，按经济规模加权指数仍然要分配给较大权重，但依据进化投资的“当前价值”理念，一方面会避免买入被明显高估的股票，另一方面会在历史泡沫巅峰期卖出，即在泡沫巅峰时期根本不会配置权重。因此，依据“当前价值”进行优胜劣汰的投资组合，其泡沫风险比经济规模加权指数还要低，自然其回报率会高于经济规模加权指数和市值加权指数。

2.没有客观数据支持是否可靠

市值加权指数有上百年的历史检验，经济规模加权指数有锐联资产管理公司对全球 23 个国家长达几十年的数据严密分析论证，而进化投资模型并没有严密的历史数据检验和论证，我们不禁要问：这个方法是否可靠?

下面可以从几个方面进行分析。

首先，前面分析指数投资的 4 个“没有考虑”，足以说明进化投资的可靠性。指数投资没有考虑成长速度及成长惯性，没有考虑可以预见的现金流风险，没有考虑可以预见的未来成长性，没有主动考虑价值，这 4 个方面的内容恰恰是进化投资的核心投资理念。考虑了这 4 个投资理念的投资组合，必然会降低投资风险。投资风险降低了，获胜概率就会得到提高，收益率自然也会相应地提高。

其次，进化投资是经过成功投资者长期检验过的投资准则。重视“过去成长性”及“未来成长性”这两个标准来选股，成长派投资人彼得 · 林奇管理的基金，在 13 年间取得了年均 29.2% 的复利收益；重视“当前价值”及“现金流风险”这两个标准来选股，价值派投资人巴菲特在40年间取得了年均20%的复利收益；锐联公司通过全球23个国家几十年的数据研究证明，将市值加权指数改进为“经济指标加权”（经济规模加权）指数，指数派投资人可以将100年来的股市指数年均复利收益由10%提高到12%以上。

第三，进化投资的本质是优中选优，优中选优会减少投资风险，提高获胜概率。进化投资首先依据“过去成长性”对市场上的所有股票进行过滤，建立一个具有“成长惯性”的股票池，然后再依据进化投资的其他3个原则进行优胜劣汰：首先淘汰掉明显高估的上市公司，其次淘汰掉具有较高现金流风险的上市公司，最后淘汰掉不具有长期成长潜力以及没有核心竞争力的上市公司，然后对优胜劣汰后的股票池按经济指标进行权重分配。这个过程就是一个优中选优的优胜劣汰过程，这个过程会减少投资于高风险股票的概率。通过这种方法选入的一揽子优秀成长股，保障了未来的成长性。按照这样的投资方法，在市场无效的情况下，会获得高于市场平均水准的回报。即使市场是有效的，至少也会获得市场平均水准的回报，进化投资准则也不会出错。

3.进化投资的优势会消失吗

进化投资的这种优势能长期保持吗？未来进化投资的优势是否会消失？即在下列三种情形下，进化投资的优势是否会消失？情形一：股市泡沫是否会使进化投资的优势消失；情形二：市场有效是否会使进化投资的优势消失；情形三：众多的参与者都使用进化投资方法，是否会使进化投资的优势消失。对这三个方面的情形，我们分别来进行解析。

情形一：股市泡沫是否会使进化投资的优势消失？当股市整体存在泡沫的情况下，进化投资的两个投资理念将分别发生作用，进化投资按“经济指标加权”，会将权重分配到泡沫较少的股票上，这样会减少泡沫带来的损失。

在股市整体泡沫不严重的情况下，“经济指标加权”将会起到很好的抑制泡沫的作用。但当整体股市泡沫严重的时候，“经济指标加权”并不能完全杜绝股票池的泡沫问题，这个时候“当前价值”投资理念将会发生很好的作用。

按“当前价值”的价值评估理念，价值明显高估时，需要卖出而非买入股票。如果整体股市存在明显高估的情况，这个时候没有一只符合买入条件的股票，更多的是卖出手中持有的股票，也即在股市整体泡沫巅峰期就完全卖出离场了，这样就彻底避免了泡沫崩盘带来的巨大投资损失，这是指数化投资做不到的。按指数化投资理念，即使泡沫巅峰期也会继续买入并持有股票。

指数化投资不能规避整体股市泡沫，这恰恰是进化投资的优势。因此在情形一下，进化投资理念会持续战胜指数化投资理念。

情形二：市场有效是否会使进化投资的优势消失？关于市场是否有效，前面已经做过分析，证明市场并非是一直有效的。在市场无效的情形下，进化投资的收益会高于指数化投资收益。在市场有效的情形下，进化投资和指数化投资会获得同等收益。

笔者认为未来市场会一直有效是不可能的，庄家的操纵，市场概念的炒作，政府政策的刺激，各种突发事件的发生，投资者水平参差不齐，各种投资理念在市场中广泛应用，这些情况在未来仍然会持续存在，市场波动将会是市场永恒的主题，市场长期持续有效只是一个梦想。

情形三：众多的参与者都使用进化投资方法，是否会使进化投资的优势消失？能让众多的参与者都使用，进化投资有那么大的魅力吗？所有的投资者都会发现进化投资方法吗？所有的投资者都那么精明和理性吗？如果大家都那么精明和理性，市场早就变得有效了。

明知赌博是有危害的，可还是有那么多人参与赌博；明知买彩票中大奖的概率很低，犹如天上掉馅饼砸中脑袋的概率，可还是有那么多人排队买彩票；明知放高利贷面临巨大的风险，可还是有那么多的人前赴后继。你会发现生活中有太多的应该明知，但人们依然会一如既往，人性如此，股市依旧会时而热情高涨，时而萧条冷清。

拿指数基金来说，其明显的绩效在嘲笑了大多数主动型基金管理者 30 年之后，在世界范围内的股票市场上的总资产也才勉强达到 10%。这个简单的事实告诉我们，要使人们去相信一个正确的投资理念是多么的困难，绝大多数投资者依然会坚持他们自己的投资理念。

历史一再证明，真理总是掌握在少数人手中，能坚持真理的人更是寥寥无几，佛陀推广了几千年的人生真理，可是到今天，到底有多少人是真正信仰佛法真理的。所以众多参与者都使用进化投资方法，那太高估了进化投资的魅力。

第6章 心态：克服人性的弱点

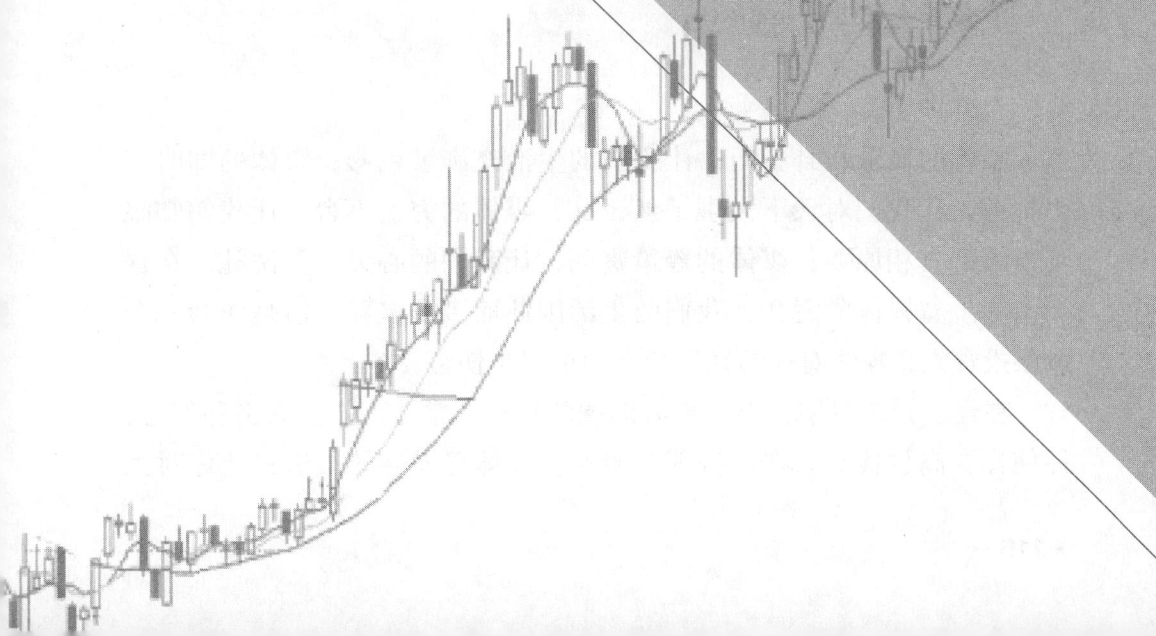

6.1 独立思考，勿受干扰

踏入股市，各种眼花缭乱的财经信息扑面而来，媒体恐慌性的报道，财经评论员口若悬河的解说，经济学专家煞有介事的分析，证券经纪人频繁的短信推荐，亲戚、同事以及朋友激情洋溢的煽动鼓噪。周遭环境无时无刻不在影响着你的判断，你需要听从他们的建议吗？或者说他们的见解是可靠的吗？

下面来逐一进行解析。

1.媒体

媒体的娱乐八卦新闻，让我们的生活充满了色彩；媒体的即时资讯报道，让我们对天下大事了然于胸；媒体的穷追不舍，让我们知晓了事情的真相原委；媒体的鞭策责问，让我们的心灵受到洗礼。在这个指尖上有媒体的时代，我们的生活因此而多姿多彩。但是作为一个股票投资人，媒体对你的钱袋带来的更多是伤害。

在经济繁荣时期，媒体推波助澜的报道，常让人产生兴奋和幻想，促使你在高位接盘。在经济萧条时期，媒体恐慌性的报道常让你对大势悲观失望，促使你在低位忍痛斩仓。媒体为了吸引眼球，每天不断地推出焦点和热点资讯，让你的内心躁动不安，内心忍不住寂寞和诱惑，不停地杀进杀出，最后杀得你的钱包越来越瘪。

2.财经评论员

据统计，截至 2011 年底，中国有效股票账户数达 1.4 亿户。这么庞大的股票投资人群，各类媒体当然不会放弃，无论是网络、报纸还是电视，都开辟了财经专栏，聘请财经评论员参与节目分析评论。

理性的投资者可能会发现，他们通常会把当天股市上涨或者下跌归咎于某个热点事件，无论这个事件是否真的和股市涨跌有关系，而且无论和常规的解释是否一致，他们都有一套说辞。比如政府降息，如果股市上涨了，就说是政府降息刺激股市上涨的；如果股市下跌了，就说经济下行还未触底，无论怎么说都有理。

如果你遇到某个财经评论员极力推荐某只股票，预测其未来还会大涨，你可得小心了，很可能是与他有利益关系的某位庄家准备高位抛筹了。证监会就查处过不少这样的黑嘴案件。

3.经济学专家

在这个知识经济主宰社会一切的年代，人们最容易相信的就是该领域的专家。有些德高望重的经济学专家，确实值得我们尊重和信赖，但是这样的经济学专家往往非常谨慎，不会随意发表言论。

市场上充斥着各类拍马专家、眼球专家和忽悠专家，他们忍不住寂寞，不时发表宏观大论，比如连篇累牍地为房地产利益集团摇旗呐喊，信誓旦旦房价只涨不跌的拍马专家；唯恐天下不乱，预言中国经济到了崩溃边缘，房地产市场即将崩盘的眼球专家；为一个价值仅 1 万元的假金缕玉衣作伪鉴定，声言价值高达 24 亿元的文物鉴定忽悠专家。相信这样的专家，你会损失惨重。

正统的经济学专家们通常信奉有效市场理论，但市场并非是一直有效的，他们当中的大多数人和普通老百姓一样，在牛市泡沫巅峰时期仍在高唱赞歌，在熊市低谷市场见底时期仍在悲观绝望，他们的股票投资业绩并不比普通老百姓强多少。

4.证券经纪人

和投资者联络最亲密的莫过证券经纪人，每天定时通报行情走势并推荐股票，阶段性地培训邀请，不定期地关怀问候，即时为你传递重大经济事件信息，随时提醒你把握股票买卖机会，感觉他们是最值得信赖的人。

在你将股票账户交给他们打理之前，需要提醒你的是，他的利益立场和你并非一致。证券经纪人的收入来自于你每次交易时收取的佣金提成，你越频繁地交易，他的佣金提成就越高。所以利益决定了他会动员你频繁地短期交易，而短期频繁交易是让你亏损的一个重要原因。

另外，他还会动员你去参与高风险的股指期货类投资，这类投资对他来说可以获得丰厚的佣金回报，对你来说却意味着有可能倾家荡产。

5.同事及朋友

几个喜欢炒股的同事或朋友聚在一起，聊得最多的往往是股票。每个人都有自己独特的操盘方法，每个人也有自己独到的见解，大家权当娱乐八卦也没什么问题。糟糕的是彼此之间往往会对某只股票的买卖进行交流，他们的见解很可能是完全错误的，但这种错误的见解会潜意识地影响你的决策，最终你会买了不该买的或者卖了不该卖的。连投资大师彼得·林奇都犯过这种错误。

通过前面的分析，你周遭的一切似乎都在让你的钱袋更瘪，那你该怎么办？答案就是：独立思考，勿受干扰。巴菲特选择远离喧嚣的华尔街，住在家乡奥马哈小城，享受独立思考和独立决策的乐趣。

6.2 克服短期诱惑和恐惧

据《圣经》记载，亚当和夏娃受到蛇的引诱，偷食了知善恶树结的果子，被耶和华逐出伊甸园，成为了人类的祖先。人类始终经受不住各种诱惑，常常在金钱、美色或权力诱惑面前放弃了既定的目标和坚持的原则。

同样，我们的心灵承受不了恐惧，常在恐吓面前屈服和弯腰。在股市，很容易在各种短期诱惑和恐惧中迷失方向。你需要克服人性的弱点，拥有坚定的意志和一颗强健的心，才能成为最终的大赢家。

1.克服赚快钱的心态

“争取每周抓个涨停板”，“希望今年的收益能翻番”，“5 年才翻 1 倍？太慢了，还不如去放高利贷”，这是大多数未入股市或者刚踏入股市的投资者的普遍想法。如果你有能耐每周能抓一个涨停板，1 年下来你的资金将涨至 117 倍，你可能吗？连股神巴菲特 40 年下来的年均复利增长才达到 20%，所以每周 1 个涨停板是非常不切实际的幻想。

复利的威力是巨大的，即便是 20% 的年均复利增长，40 年下来，投资资金将涨至 1469 倍。如果你能做到 15% 的年均复利增长，40 年下来，你的投资将涨至 267 倍，凭着这个骄人的业绩，你将成为一个伟大的投资家。

长期来说，将年均复利增长目标设定为 15% ~ 20% 是比较切合实际的。设定一个合理的期望值，才能减少短期赚快钱的冲动，才会避免短期诱惑而引发的频繁交易。

2008年以来，放高利贷成为民间的一个普遍行为，很多人冲着高利贷的暴利，将所有身家都投入其中。高利贷真的有高回报吗？透过媒体报道的浙江吴英案[1]就知道，很多投资人的巨额资金最终打了水漂儿。再看看你身边放高利贷的人，有多少是连本钱都收不回来的。

我们来做一个理性的分析计算，以政府允许的高利贷合法利率上限月利2.5分来计算，1年的投资收益率是30%。可你别忘了，借高利贷的人往往都是到了绝境边缘的人，如果被他们编织的美丽故事或者光鲜的外表所迷惑，他们破产还不了本金的概率是非常大的，所以至少要考虑1/4的人还不了本金的风险。即有4万元，分别借给4个人，每个人的年息都是30%，因其中一个最终破产还不了本金，1年下来，借出去的4万元总共能收回本金3万元，外加利息1.2万元，合计是4.2万元，这样计算下来，实际年收益率就只有5%了。何况1/4的人还不了本金，已经是非常保守的一个风险估计，实际的情况比这还要糟糕。

在笔者目睹的十数起高利贷事件中，有不少是第一次放贷出去本金就未收回来。放高利贷在承受高风险的同时，回报还非常低，这都是因为人们经受不了短期高回报的诱惑造成的后果。

2.不受短期波动影响

股市每天涨涨跌跌，投资者的心情也随之起起伏伏。内心不够强健者，一点点累积，长期下来，有可能成为抑郁症患者。若是如此，还不如远离股市好。

---

① 吴英，原浙江本色控股集团有限公司法人代表，2007年3月16日因涉嫌非法吸收公众存款罪被依法逮捕。2009年12月，被金华市中级人民法院以集资诈骗罪一审判处死刑。吴英不服提起上诉。2012年1月18日，浙江省高级人民法院二审驳回上诉，维持原判并报最高人民法院核准。2012年4月20日，最高人民法院未核准吴英死刑，该案发回浙江高院重审。2012年5月21日，浙江省高级人民法院作出终审判决，以集资诈骗罪判处吴英死刑，缓期二年执行，剥夺政治权利终身，并处没收其个人全部财产。该案因涉及中国民间借贷诸多法律问题而引发社会广泛关注。

建议投资者不要每天短线盯盘，买入一只优质成长股，关掉电脑，每天安心睡大觉。大牛股是需要5年甚至10年的耐心等待的。每天盯短线，只会让操纵者把你洗盘振荡出局，好不容易涨了20%，就止不住获利了结的冲动；跌了20%，因为内心恐惧而止损抛盘，割肉出局。

切记，上涨要拿得住，坚持持有；下跌不要恐惧，耐心等待。

3.好股拿不住，差股舍不得抛

投资人通常是好股拿不住，差股舍不得抛，这主要有两方面的原因：一是收益兑现心理和不愿意承认损失心理；二是基于一种错误观念：涨了那么多不可能再涨了，跌了那么多不可能再跌了。

好股票一旦上涨了，担心到手的收益再失去，忍不住有抛售的强烈冲动，这就是典型的收益兑现心理。对于优质成长股来说，10年上涨10倍是完全有可能的，不要为了20%的芝麻点儿收益而失去了大牛股的成长机会。差股票一旦下跌了，总期望它能涨回来，拿在手里舍不得抛，这属于典型的不愿意承认损失心理。要明白，果断抛掉差股票，虽然损失了20%的资金，但如果换成一只优质成长股，有可能会上涨几倍，不但能够弥补之前的损失，还可以赚得很多的正收益；而拿着一只差股，很有可能永远再也涨不回来。

“都涨了几倍了，不可能再涨了。”要是几年前你对着亚马逊、麦当劳之类的股票这样说，那就大错特错了，因为转眼间这几年股价又上涨了好几倍。“都跌了70%了，不可能再跌了。”你去股票市场上把ST股翻开来看看，跌了70%后再下跌70%的股票比比皆是。

投资者要明白，涨不封顶，上涨没有上限，大树长不到天上，可飞船可以发射到天上；跌没有底，股价被打回到地狱后，地狱之下还有十八层地狱。如果股价跌到1毛钱，无论是从100元跌下来的，还是从10元跌下来的，你的损失都会超过99%。

坚决拿住好股，果断抛弃差股，长期下来，你将获得大牛股带给你的丰厚回报。

4.止盈止损是错误的

“见好就收，不要赢到最高”，“及时斩仓出局，避免更大亏损”，这是常见的止盈止损说法。止盈止损本是外汇、期货等对赌市场中衍生出来的概念，依据的是概率制胜原理：根据长期判断的胜率来操作，比如将你的资金均分成20份，每次下单设置止盈止损，每次赢了最多赢5%，输了也最多输5%；如果你长期判断的胜率超过60%，则可以通过止盈止损稳定盈利。

可是在股票市场中运用止盈止损概念，会存在以下几个问题。

一是止盈有可能让你错失大牛股。你想想看，如果每次获利5%止盈，即使按复利计算，你也需要连续进行47次的正确止盈，才能达到一只10倍大牛股的收益。忍受47次的提心吊胆，需要47次完全正确，谈何容易！而你抱上一只10倍大牛股，只需要安稳踏实睡大觉即可。

二是止损让你失去了优质成长股价值回归的机会。优质成长股虽然会阶段性被打压，但其股价最终会回归并带来成长收益。

三是操纵者最喜欢打穿止损。操纵者大都知道某些点位止损较多，于是在操盘时专门在这些点位打穿止损。有时很多投资者会郁闷，为何我的止损刚被打掉，行情就发生反转了。

四是止损其实就是慢性自杀。你虽然将资金分成了20份，但是连续出现5次以上止损以后，你的心情就会变得很糟糕，导致胡乱操作，胡乱止损，最后通常以一次大损失告终。

5.坚定投资信心

自然灾害、政治动荡、恶性通货膨胀、经济危机等，都会引起股市剧烈振荡，这也常常会让你心神不宁，担心你的投资出现损失。

股票投资，投资者对未来需要有一个乐观信念，相信难关一定会过去，未来一定会越来越好。从世界100年的发展历史来看，经历了两次世界大战和数十次大规模的地区战争，经历了数十次重大政治动荡和政权更替，也经历了若干次世界级的经济危机，但世界越来越繁荣，经济越来越发展，人们越来越富有。美国、英国等发达国家股票市场上百年来的上涨，加上分红，总共获得了10%的年均复利回报。

乐观主义者获得天下，悲观主义者失去所有！坚定你的投资信心，胜利一定属于你。

6.3 不要热衷预测

人们喜欢预测未来，以便避开那些对自己不利的事情。对那些能够预知未来的人，人们非常景仰，希望得到他们的指点，因此命理大师大行其道。

在股市，各种预测方法也层出不穷。经常有预测大师在媒体上放话，预言什么时候拐点即将到来。这些预测方法是否真能准确预测股价走向？这些预言大师是否真能未卜先知？

威廉·江恩就是著名的金融预测家，据说他准确预测了1929年美国股市大崩溃。他使用的方法极其神秘，是以古老的数学、几何和星象学为基础的，然而他的理论从未有人能清楚掌握。据说江恩一生赚了很多钱，有几千万美金，相当于现在的上亿美金。有人见过江恩的儿子，他是波士顿银行的分析师，他说他的父亲根本不能通过交易来支撑家庭开支，而是通过编书和出售指导教材来养家糊口。当江恩在20世纪50年代去世时，他的财产包括房子在内，价值也就10万多美元而已。

预言家若真能准确预测股市，他肯定不会公开他的预测方法，而是自己一个人闷声发财。房地产大涨的这些年，媒体上总能见到几个大家熟悉的空头预言家身影，经常放话房地产市场拐点已经到来，暴跌崩盘在即，可老百姓见到的是房价"蹭蹭"上涨。如果相信了他们的话，不知道多少人会懊悔莫及。

当然，最终拐点到来时，他们总会说对一次，可是那对你又有什么帮助呢。你自己每年预测几次，也会有一次是正确的。预言家们年年预测，失败了他们都不提，正确了就会大肆吹嘘，让普通人感觉到他们真的像先知一样厉害。

据说一位股票预测者发了 102400 封邮件，其中一半告诉他们第二天股票将会上涨，另一半告诉他们第二天股票将会下跌。第二天股票收盘后，继续对前一天预测正确的那 51200 人按此方法进行邮件分发。连续操作 10 天后，有 100 人收到的预测邮件始终是正确的，这 100 人视预测者为神人。这时预测者说话了：你们以后要得到预测邮件，每个人需要缴纳 1 万元入会费。就这样，通过这个神奇的方法，100 万元落入了预测者的口袋。

虽说这个故事杜撰的可能性比较大，但其原理却值得你思考。君不见牛市时，很多大师都跑出来给你推荐股票，推荐正确就收你盈利的 30% 作为提成。要告诉你的是，牛市时你用飞镖对着股票清单乱掷一通，扎中的股票也有超过半数会上涨。

优质成长股无需预测，照样可以取得优秀的投资业绩。即便你准确预测并成功逃了一个顶，但你能保证在适当的时候一定能买回来吗？看看麦当劳的股票走势图，如果在 2008 年选择逃顶，你肯定会逃在半山腰，从而失去了这只大牛股长期成长的机会。如图 6-1 所示。

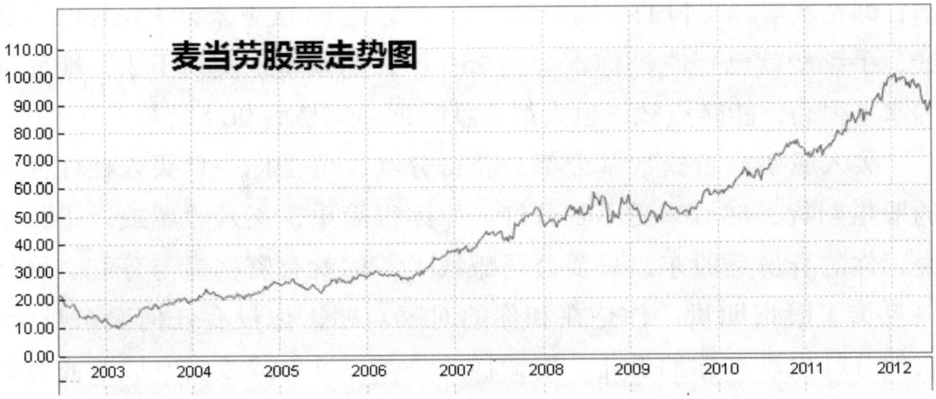

图6-1 2002-2012年麦当劳股票走势图

6.4 杠杆：化身天使的魔鬼

杠杆可以将收益和损失成倍放大，尤其是在证券交易商的鼓噪之下，大家往往看到的是杠杆放大收益带来的好处，而忽略了其巨大的风险。前面分析高风险类投资产品时，列举了许多损失惨重的案例：从事杠杆类股指期货交易，致使有233年辉煌历史的英国巴林银行破产倒闭；从事杠杆类债券交易，致使由获得诺贝奖的经济学家组成的美国长期资本管理公司亏损43亿美元。一旦动用了杠杆，你就不是在投资，而是在赌博了，你或许能赌对几次，在短期内暴赚一笔，但若长期参与，你一定是输家。下面来进一步分析这是为什么。

杠杆的高额手续费让证券交易商和经纪人过得很滋润，而你的资金则被手续费慢慢消耗掉。做宣传时，杠杆类交易商通常会说手续费很低，比如拿外汇交易货币英镑来说，一般点差是5，即手续费是0.5‰。但是你别忘了，做外汇交易时通常会使用50 ~ 100倍的杠杆。如果以50倍杠杆来计算，每做一次交易，你的手续费是0.5‰的50

倍，即每次实际支付的手续费是 2.5%。交易 10 次下来，无论你赚没赚钱，手续费就已经吃掉你本金的 25%。长期频繁地交易下来，即便你的水平很高，能赚点钱，也大都贡献给证券交易商和经纪人了。

买入股票或者指数基金都会获得分红，可是你一旦买入杠杆性质的股指期货，你就享受不到分红。原因很简单，买入股票或者指数基金，你的身份是股东，只要公司赚钱了，你就有资格参与分红。可你一旦买了股指期货，你是在和你的对家对赌，你没有任何股东身份，自然分红也没有你的份儿。更糟糕的是，一旦你隔夜卖空股票或者股指期货，券商还会向你收取额外的资金借贷利息。卖空时间越长，利息越多，也就是你亏损越多。

进行杠杆类交易，一旦你的亏损额度达到了你的剩余资金额度，交易商会强制帮你平仓，即使后来行情反转，你也不能从中获得任何收益，损失却早已尘埃落定。

杠杆类投资品的本质是高风险对赌，大鱼吃小鱼，资金多者吃掉资金少者。操纵者特别喜欢杠杆类市场，也特别喜欢你去做杠杆类交易，因为只有这样，他们砧板上的肉才会更多。或许你认为可以通过各种分析看准趋势，但大型操纵者根本不关心趋势，他们只关心怎样才能吃掉你的资金。你可以到号称最没有庄家操纵的外汇市场去仔细观察一段时间，在重大经济数据公布时，无论是利多或者利空，很多时候庄家都会两边通吃，无论你是做多或者做空，资金都会被他们吃掉。

聪明理性的你，不要受杠杆交易放大收益的诱惑。远离它们，不但可以保护你的钱袋，还可以保护你的心脏免受剧烈打击。

6.5　坚持能力圈原则

1999 年美国网络股疯狂上涨时，巴菲特却不为所动，一只网络股和高科技股也没有买进，继续持有他所熟悉的可口可乐等传统行业股票。进入2000年，美国网络科技股泡沫破裂，纳斯达克指数两年半内暴跌78%，巴菲特却毫发无损。

巴菲特说："如果说我们具备某种优势的话，那么优势应该在于我们能够认识到什么时候我们是在能力圈之内如鱼得水，什么时候我们已经接近能力圈的边界。在快速变化的产业中预测一个企业的长期发展前景，远远超出了我们的能力圈边界。如果其他人声称拥有高科技产业公司发展前景预测技巧，我们既不会嫉妒，也不会模仿他们。相反，我们只是固守我们所能理解的行业。如果我们偏离这些行业，我们一定是不小心走神了，绝不会是因为我们急躁不安，用幻想代替了理智。"

巴菲特所说的能力圈，意思就是做熟悉和了解的事，做力所能及的事，做擅长的事，成功的把握就会大很多。看看巴菲特的投资组合，都是他非常熟悉的公司股票，有他从小当报童时送过的《华盛顿邮报》，有他从小到大每天喝的可口可乐，有他每天刮胡子用的吉列。巴菲特投资的基本原则是不熟不做。

巴菲特在投资生涯中始终坚持能力圈原则，投资于他所能理解和熟悉的行业。大部分普通投资人失败的一个重要原因，就是违反了能力圈原则，买入了自己能力圈以外的公司股票。很多人只是因为看了媒体报道，或者听了股评，就选择自己根本不了解的高科技股或者概念股，结果最后损失惨重。

能力圈外总是有一些看起来非常诱人的机会，可很多这样的投资机会往往是美丽的陷阱。投资者需要保持清醒的头脑，坚守能力圈原则，不要试图抓住市场上的每一个机会，而是坚守在自己的能力范围之内，紧紧盯住自己熟悉范围内的有限机会。

对于能力圈，许多动物都比投资者做得更好。大多数动物都懂得，必须等猎物进入自己捕猎范围之内才能出手。动物们非常清楚自己在什么样的范围才能够发动有效攻击，在这个范围之外，他们要么等待猎物走近，要么缓慢靠近猎物，总之它们不会贸然出手。另外，它们也非常清楚哪些动物是自己能够捕获的对象，哪些是自己没法捕获的，哪些是自己的天敌。比如老虎号称动物之王，非常勇猛和敏捷，但它绝不会捕食大象，它知道自己无法对大象庞大的躯体发起攻击，弄不好还有被大象踩伤的危险。

巴菲特是如何抵制圈子外面诱惑的呢？他跟比尔·盖茨是非常好的朋友，但是他从来没有投资过微软公司，因为在他看来，微软是高科技公司，高科技不在他的能力圈之内。

网络股热火朝天的时候，一个公司只要名字和网络沾点边，股价就可以像直升机似地一飞冲天，但是巴菲特坚持不碰网络股。巴菲特的坚持和固守，是因为他知道自己能力的边界在哪里。投资需要很强的自制力，才能抵御能力圈外的各种诱惑。看看巴菲特怎么说的：

"我们没有必要比别人更聪明，但我们必须比别人更有自制力。"

"如果你不能控制你自己，你迟早会大祸临头。"

坚持能力圈原则，投资你所熟悉的行业或者企业，会让你对企业发展中存在的各种问题有更强的洞察力与分析判断力，这样你可以有效把握企业未来的成长以及企业存在的各种风险。

当然，能力圈的范围也不是一成不变的，而是可以通过学习和努力不断拓展的。同样，智慧也是有复利效应的，每天坚持阅读和广泛学习，智慧就会日渐增长，能力圈就会逐步拓宽。比如一只幼鸟，刚开始学飞的时候，飞不高，也飞不远，可通过不断的努力和反复尝试，慢慢地就会飞得更高更远。

巴菲特曾经说过不买高科技公司的股票，可现在他也买了高科技股 IBM 的股票，这都是能力圈拓展的结果。

第7章 基本功修炼

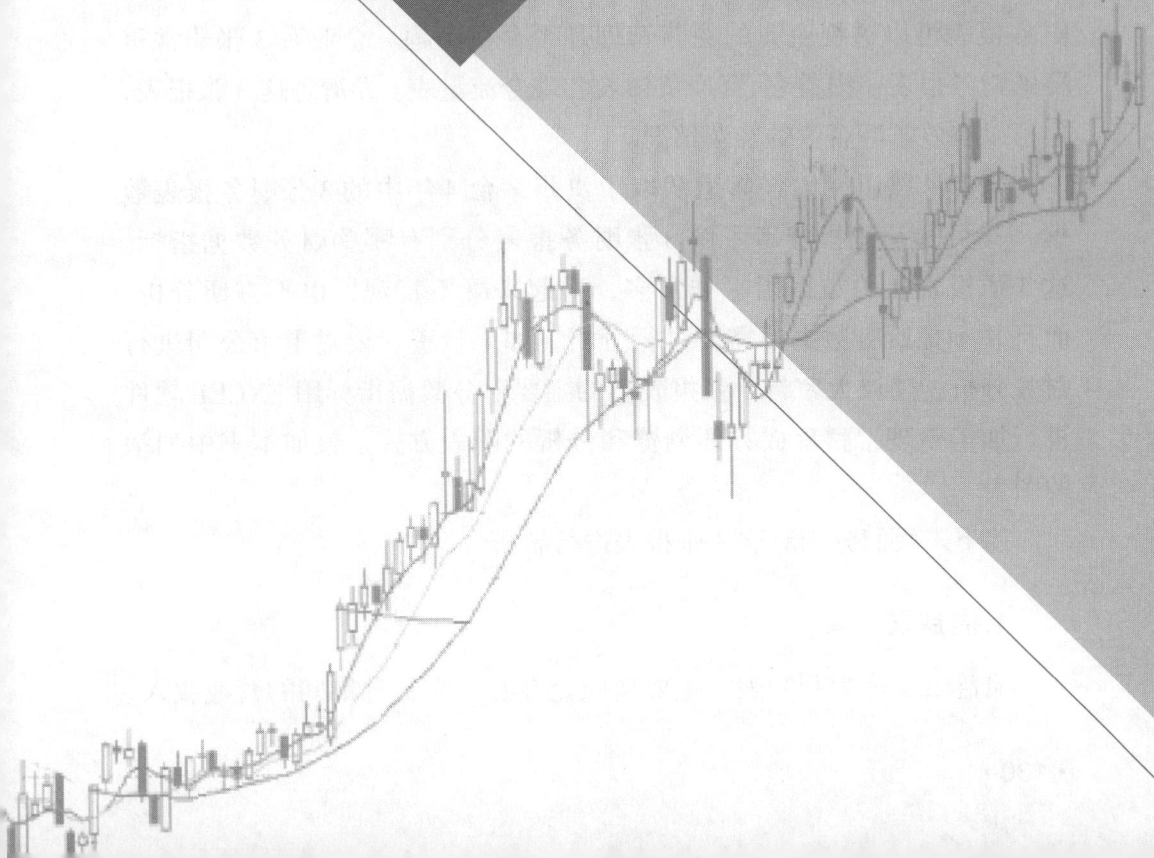

7.1 学会看财务报表

就像X光、超声波、CT可以透视人体内脏器官是否存在病变一样，财务报表可以透视企业的经营管理是否存在问题。企业有3张非常重要的财务报表：损益表、资产负债表和现金流量表。弄清楚这3张报表，你可以有效掌握企业的经营情况。

笔者从腾讯网财经频道截取了贵州茅台4年中的3张财务报表数据，其目的是让投资者了解3张财务报表分别有哪些财务数据指标。这3张报表上的数据指标非常多，看起来既不直观，也不方便分析，而且并不是所有数据都需要进行分析。如果投资者要对上市公司进行财务分析，建议大家将3张报表上的主要财务数据指标用EXCEL软件进行加工整理，整理成方便浏览和分析的图表方式，就如本书中列举的图表一样。

接下来我们分别对这3张报表进行解析。

1.损益表

损益表又称为利润表，主要反映企业在一定会计期间的营业收入、营业成本、营业费用、税收状况，最终反映为公司利润盈亏情况。损益表上列示的会计信息，可以用来评价一个企业的经营效率和经营成果，即可以用来衡量一个企业在经营管理上的成功程度，因此可以作为评估企业投资价值的重要依据。

这里要再次强调的是，单纯看一个数据是没有意义的，只有进行数据比较分析才有意义。比较分析主要从两个方面进行，一是和该公司的历史数据进行比较，二是和该公司所处行业的其他公司进行比较。

接下来重点介绍损益表上的3个数据指标：营业收入、营业利润、净利润。

净利润是公司经营成果的最终反映，优质成长公司的净利润通常是持续稳健增长的，因此净利润是否持续稳健增长，是判断公司是否属于优质成长公司的重要依据之一。判断一个公司是不是成长型公司，一般至少会分析公司过去5年的净利润增长情况，一两年的数据不能确定公司是否能持续成长，而且周期太短也容易因数据造假导致判断失误，长期造假则较为困难。

如果一个公司的净利润在持续增长，而营业收入增长却很缓慢或者停滞，通常意味着公司利润增长是靠压缩成本获得的。虽然压缩成本也是公司经营管理得到改善的重要标志，但毕竟靠压缩成本增加盈利，不是成长型公司持续增长的长久之计，因为成本空间总有被压缩到尽头的时候。营业收入也在持续稳健成长的公司，成长才更有可能持续。

当然，如果营业收入在增长，但运营成本也在快速增长，公司赚的钱也会被运营成本吃掉，所以透过营业利润，可以判断公司运营成本增长的情况。如果营业利润的增长速度慢于销售增长，很可能公司的运营成本增长较快。营业收入、营业利润和净利润三者都基本同步持续稳健增长，这样的公司持续成长的可能性才比较大。

表7–1列出了贵州茅台2008–2011年连续4年的利润表。我们将

贵州茅台利润表上的“营业收入”与“净利润”两个数据指标转化成图表方式，如表7-2、表7-3所示。从表7-2、表7-3中可以直观地看出，贵州茅台的营业收入和净利润连续8年都在同步稳健增长，这表明贵州茅台过去业绩非常优秀，是一只非常优秀的成长股。从图中趋势来看，贵州茅台未来持续成长的可能性也比较大，可以作为优质成长股选入你的股票池。

表7-1　贵州茅台2008-2011年利润表

报表日期	2011-12-31	2010-12-31	2009-12-31	2008-12-31
一：营业收入	1,840,240	1,163,330	967,000	824,169
减：营业成本	155,123	105,293	95,067	79,971
营业税金及附加	247,739	157,701	94,051	68,176
销售费用	72,033	67,653	62,128	53,203
管理费用	167,387	134,601	121,716	94,117
财务费用	–35,075	–17,657	–13,364	–10,250
资产减值损失	–250	–307	–30	45
加：公允价值变动收益	--	--	--	--
投资收益	338	47	121	132
其中：对联营企业和 合营企业的投资收益	--	--	--	--
二：营业利润	1,233,620	716,091	607,552	539,038
加：营业外收入	718	531	625	628
减：营业外支出	869	380	123	1,137

续表

报表日期	2011-12-31	2010-12-31	2009-12-31	2008-12-31
非流动资产处置损失	--	--	--	--
三：利润总额	1,233,470	716,242	608,054	538,530
减：所得税费用	308,434	182,266	152,765	138,454
四：净利润	925,032	533,976	455,289	400,076
归属于母公司所有者的净利润	876,315	505,119	431,245	379,948
少数股东损益	48,718	28,857	24,044	20,128

说明：贵州茅台利润表数据来自腾讯网的腾讯财经频道，数据单位：万元

表7-2 贵州茅台2004-2012年营业收入

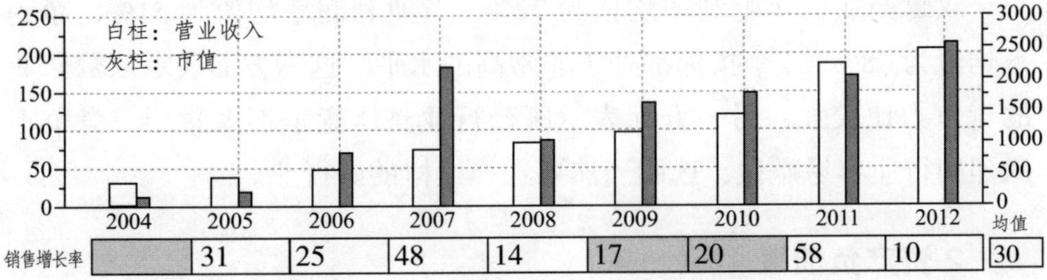

表7-3 贵州茅台2004-2012年净利润

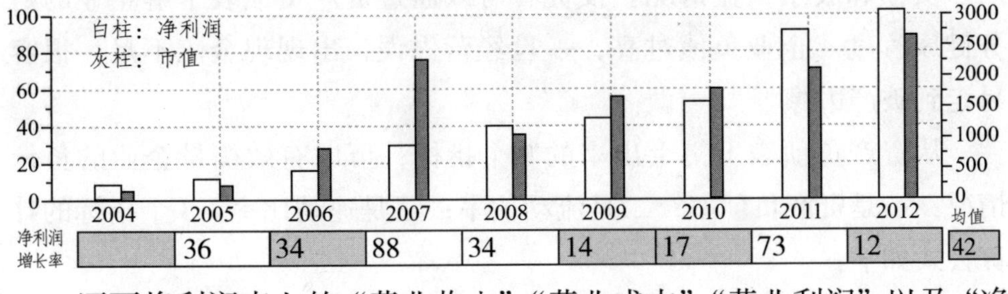

还可将利润表上的“营业收入”、“营业成本”、“营业利润”以及“净

利润”4个数据用来计算，生成衡量行业竞争情况和公司竞争力的3个指标：毛利率、营业利润率、净利率。3个指标的计算公式如下：

毛利率 =（营业收入 − 营业成本）÷ 营业收入 × 100%

营业利润率 = 营业利润 ÷ 营业收入 × 100%

净利率 = 净利润 ÷ 营业收入 × 100%

这3个指标可以反映行业竞争的激烈程度。我们来看一个具体的例子。如表7–4所示。

表7–4　双鹭药业竞争力分析

一、竞争力分析									
	年度	2004	2005	2006	2007	2008	2009	2010	均值
竞争指标	销售毛利率	66	61	63	66	86	83	77	72
	营业利润率	38	32	38	58	64	67	62	51
	销售净利率	34	29	35	57	61	63	60	48

双鹭药业历年毛利率均值为72%，营业利润率均值为51%，净利率均值为48%，3个指标都处于非常高的水平。这一方面表示双鹭药业的竞争力比较强，另一方面表示医药行业整体竞争不太激烈。竞争不激烈的行业容易赚钱，选股当然要选择这样的好行业。

2.资产负债表

资产负债表又称财务状况表，主要反映企业在一定会计期末的资产、负债和股东权益情况。投资者可以通过资产负债表了解企业的财务健康程度。企业负债过高，一旦经营失误，出现现金流不足，很容易走到破产边缘。

从资产负债表上衍生出来的3个指标，可以有效衡量企业的负债情况：一是资产负债率；二是流动比率；三是速动比率。3个指标的计算公式如下：

资产负债率 = 总负债 ÷ 总资产 × 100%

流动比率 = 流动资产 ÷ 流动负债

速动比率 = 速动资产 ÷ 流动负债

资产负债率是企业总负债除以总资产所得的比率，是衡量企业中长期风险的一个重要财务指标。资产负债率越高，偿债风险越大。除银行保险类企业外，一般来说，企业资产负债率低于 60% 相对较为安全。

流动比率是企业流动资产除以流动负债所得的比率，速动比率是企业速动资产除以流动负债所得比率，这两个指标都是用来衡量企业短期偿债能力的财务指标。速动资产包括货币资金、短期投资、应收票据、应收账款、其他应收款项等，指企业可以在较短时间内变现的资产。流动资产除了包括速动资产外，还包括存货和待摊费用等。其中存货的变现能力较差，因此速动比率比流动比率更能准确反映企业的短期偿债能力。一般来说，速动比率 >1、流动比率 >2 表示企业短期偿债能力较强；0.75< 速动比率 <1、1.5< 流动比率 <2，表示企业短期偿债能力一般；速动比率 <0.5、流动比率 <1，表示企业短期偿债能力较差。但在分析时，要注意不同行业这两个指标的差异可能较大。

表 7–5 是贵州茅台 2008–2011 年的资产负债表。根据资产负债表中的“资产总计”与“负债合计”两个数据指标，可以计算出净资产与资产负债率，然后转化成图表方式。如表 7–6 所示。从表 7–6 中可以直观看出，贵州茅台的净资产保持稳健增长，并且其资产负债率维持在 30% 左右，处于非常安全的水平。投资贵州茅台，不会因负债带来现金流风险。

表7–5 贵州茅台2008–2011年资产负债表

报表日期	2011–12–31	2010–12–31	2009–12–31	2008–12–31
流动资产				
货币资金	1,825,470	1,288,840	974,315	809,372
交易性金融资产	--	--	0	--

续表

报表日期	2011-12-31	2010-12-31	2009-12-31	2008-12-31
应收票据	25,210	20,481	38,076	17,061
应收账款	223	125	2,139	3,483
预付款项	186,103	152,987	120,313	74,164
应收利息	22,518	4,273	191	278
应收股利	--	--	0	--
其他应收款	4,729	5,910	9,600	8,260
存货	718,712	557,413	419,225	311,457
一年内到期的非流动性资产	--	--	1,700	--
其他流动资产	--	--	0	--
流动资产合计	2,783	2,030,030	1,565,560	1,224,080
非流动性资产				
可供出售的金融资产	--	--	0	0
持有至到期投资	6,000	6,000	1,000	4,200
长期应收款	--	--	0	--
长期股权投资	400	400	400	400
投资性房地产	--	--	0	--
固定资产	542,601	419,185	316,873	219,017
在建工程	25,145	26,346	19,396	58,286
工程物资	492	1,853	2,492	6,238
固定资产清理	--	--	0	--

续表

报表日期	2011-12-31	2010-12-31	2009-12-31	2008-12-31
生产性生物资产	--	--	0	--
油气资产	--	--	0	--
无形资产	80,843	45,232	46,555	44,521
开发支出	--	--	0	--
商誉	--	--	0	--
长期待摊费用	1,381	1,870	2,147	1,015
递延所得税资产	50,263	27,844	22,542	17,668
其他非流动性资产	--	--	0	--
非流动性资产合计	707,124	528,729	411,404	351,344
资产总计	3,490,090	2,558,760	1,976,960	1,575,420
流动负债				
短期借款	--	--	0	--
交易性金融负债	--	--	0	0
应付票据	--	--	0	--
应付账款	17,234	23,201	13,912	12,129
预收款项	702,665	473,857	351,642	293,627
应付职工薪酬	57,752	50,026	46,395	36,101
应交税费	78,808	41,988	14,053	25,630
应付利息	--	--	0	--
应付股利	--	31,858	13,721	--
其他应付款	91,612	81,888	71,083	57,591

续表

报表日期	2011-12-31	2010-12-31	2009-12-31	2008-12-31
一年内到期的非流动性负债	--	--	0	--
其他流动负债	--	--	0	--
流动负债合计	948,072	702,819	510,806	425,077
非流动性负债				
长期借款	--	--	0	--
应付债券	--	--	0	--
长期应付款	--	--	0	--
专项应付款	1,677	1,000	1,000	--
递延所得税负债	--	--	0	--
其他非流动性负债	--	--	0	--
非流动负债合计	1,677	1,000	1,000	--
负债合计	949,749	703,819	511,806	425,077
所有者权益（或股东权益）				
实收资本（或股本）	103,818	94,380	94,380	94,380
资本公积	137,496	137,496	137,496	137,496
库存股	--	--	0	--
盈余公积	264,092	217,675	158,567	100,113
未分配利润	1,993,710	1,390,330	1,056,160	792,467

续表

报表日期	2011-12-31	2010-12-31	2009-12-31	2008-12-31
归属于母公司股东权益合计	2,499,120	1,839,880	1,446,600	1,124,460
少数股东权益	41,220	15,062	18,558	25,885
所有者权益(或股东权益)合计	2,540,340	1,854,940	1,465,160	1,150,340
负债和所有者权益(或股东权益)总计	3,490,090	2,558,760	1,976,960	1,575,420

说明：贵州茅台资产负债表数据来自腾讯网的腾讯财经频道，数据单位：万元

表7-6 贵州茅台2004-2012年资产负债率

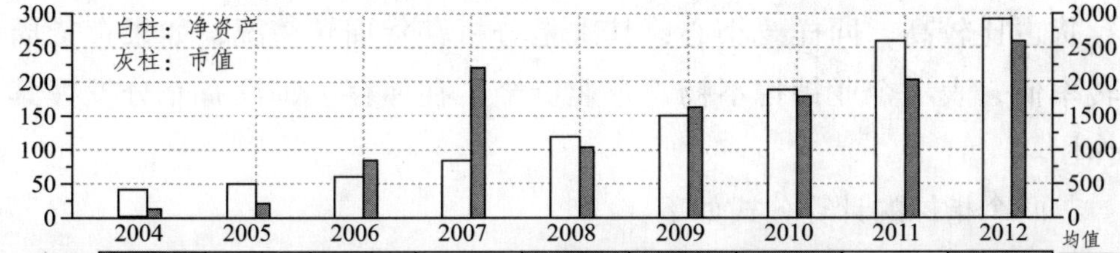

	2004	2005	2006	2007	2008	2009	2010	2011	2012	均值
资产增长率		22	16	40	37	27	27	37	12	29
资产负债率	34	36	36	20	27	26	28	27	22	29

对于B2B[①]类企业，你需要留意资产负债表上的应收账款指标，该指标用来衡量企业的收款情况是否健康。如果应收款增长速度明显快于销售增长速度，要小心企业可能会产生大量收不回来的呆账坏账。应收款太多会影响到企业的现金周转，进而影响企业的有效运营。

① B2B（Business To Business），是指互联网市场领域企业对企业之间的营销关系。它将企业内部网通过B2B网站与客户紧密结合起来，通过网络的快速反应，为客户提供更好的服务，从而促进企业的业务发展。通俗地说，B2B是指进行电子商务交易的供需双方都是商家（企业、公司），它们使用Internet技术或各种商务网络平台完成商务交易的过程。这些过程包括发布供求信息，订货及确认订货，支付过程及票据的签发、传送和接收，确定配送方案并监控配送过程等。

分析应收款时，应将应收款数据转化成两个指标来分析：一是应收款占比；二是应收款周转率。首先分析上市公司应收款占总资产的比率，如果应收款占比较高，投资者就得小心了；其次是分析应收款的周转情况，如果应收款周转率较低，表示企业回款速度较慢。

两个指标的计算公式如下：

应收款占比 = 应收款 ÷ 总资产 × 100%

应收款周转率 = 当期营业收入 ÷ 当期应收款均值

对于制造类、贸易类上市公司，存货指标则反映企业产品的生产与销售是否平衡。如果存货上升明显，通常意味着企业的销售增长放缓或下滑，这时就需要进一步分析是整个市场环境经济不景气，还是公司本身的产品销售出了问题。

分析存货时，应将存货数据转化成两个指标来分析：一是存货占比；二是存货周转率。首先分析上市公司存货占总资产的比率，如果存货占比较高，同样要小心；其次是分析存货周转情况，如果存货周转率低，表示企业销售不畅，企业资金压在库存上，没有充分发挥其作用。

两个指标的计算公式如下：

存货占比 = 存货 ÷ 总资产 × 100%

存货周转率 = 当期销售产品成本 ÷ 当期存货均值

来看一个具体的例子，如表 7–7 所示。双鹭药业 2011 年的资产负债率才 3%，处于非常安全的水平。2011 年的流动比率是 26.3，速动比率是 24.9，也远远高于安全水准，因此双鹭药业完全不存在因负债引起的现金流问题。

双鹭药业 2011 年的存货占比为 3%，存货占比非常低，对公司的资产结构不构成影响。2011 年的应收款占比达 12%，应收款占比处于中位水平，但要注意应收款占比从 2004 年的 6% 攀升到 2011 年的 12%，有逐年攀升的趋势，因此还需要进一步分析公司的应收款管理情况，分析其在未来会否继续恶化，导致公司现金流出现困难。

表7-7 双鹭药业2004-2011年资产负债分析

资产/债务管理		2004	2005	2006	2007	2008	2009	2010	2011	均值
债务管理	资产负债率	7	6	8	6	3	4	3	3	5
	流动比率	12.7	17.0	9.8	13.9	24.6	23.6	20.6	26.3	18.6
	速动比率	12.4	16.5	9.6	13.7	24.2	22.8	19.8	24.9	18.0
资产管理	应收款周转率	4.3	4.9	5.4	6.7	6.5	4.2	3.6	3.6	4.9
	存货周转率	3.9	5.8	6.9	12.0	6.7	4.1	4.0	3.3	5.8
	应收款占比	6	6	6	7	9	11	11	12	9
	存货占比	2	2	2	1	1	2	2	3	2

3.现金流量表

损益表是反映企业一定期间经营成果的重要报表，它揭示了企业利润的形成过程。利润是评价企业经营业绩及盈利能力的重要指标，但却存在一定的缺陷。

利润是收入减去费用的差额，而收入费用的确认是以权责发生制为基础，不管当期是否实际收到或付出了现金。以此计算的利润，常常会使一个企业的盈利水平与其真实的财务状况不相符。有的企业账面利润很大，现金却入不敷出；有的企业虽然存在巨额亏损，现金却很充足，并且周转自如。所以仅以利润来评价企业的经营业绩和获利能力有失偏颇，结合现金流量表提供的现金流量信息，则较为客观全面。

现金流量表也叫财务状况变动表，用于反映一家公司在一定时期现金流入和现金流出状况。现金流是现代企业的血脉，关系到一家公司的生死存亡，巴菲特就很重视现金流分析。现金流是否正常，往往意味着企业的财务是否健康，因此现金流分析非常重要。

投资者可从 3 个方面进一步分析企业的现金流情况：一是经营活

动产生的现金流；二是投资活动产生的现金流；三是筹资活动产生的现金流。

经营活动产生的现金流汇集在一起体现为经营净现金，可以从经营净现金的变化趋势，判断企业的主营业务产生的现金流是否健康。如果是优质成长型企业，经营净现金通常是稳健增长的。

投资活动产生的现金流汇集在一起体现为投资现金，投资现金通常不是很稳定。需要注意的是，企业是否有阶段性的大笔投资导致现金流吃紧，并且要判断该笔投资是否能为企业的未来带来很好的现金回报。

筹资活动产生的现金流汇集在一起体现为筹资现金，筹资现金体现债务偿还及利息支出等情况。对于借贷资金量较大的企业，可以通过筹资现金判断企业的盈利是否会被还贷或者利息吞噬掉。

3 个方面产生的现金流入流出，最终汇总体现为自由现金流（现金及等价物）。最理想的情况是企业的销售、利润以及自由现金流都是同步稳健增长的。实际情况是，很多公司的现金流波动剧烈，非常不稳定，但仍然可以通过分析企业现金流的稳定性及增长情况，衡量一家企业的财务状况是否健康，以及未来的经营管理是否存在较大风险。

投资者可以将现金流量表中的 4 个数据指标“经营活动产生的现金流量净额”、“投资活动产生的现金流量净额”、“筹资活动产生的现金流量净额”、“期末现金及现金等价物余额”转化成图表方式进行分析。表 7–8 是贵州茅台 2008–2011 年的现金流量表，图 7–1 是贵州茅台 2008–2011 年的现金流量图。从图表中可直观地看出，贵州茅台的经营净现金和自由现金流总体保持稳健增长，这表明贵州茅台的经营业绩处于非常稳定的增长状态。

表7-8 是贵州茅台2008-2011年现金流量表

报表日期	2011-12-31	2010-12-31	2009-12-31	2008-12-31
一：经营活动产生的现金流量				
销售商品、提供劳务收到的现金	2,365,910	1,493,860	1,175,620	1,127,520
收到的税费返还	--	18	--	--
收到的其他与经营活动有关的现金	18,167	13,820	18,589	24,236
经营活动现金流入小计	2,384,080	1,507,700	1,194,210	1,151,760
购买商品、接受劳务支付的现金	235,369	166,980	155,708	121,472
支付给职工以及为职工支付的现金	192,557	149,281	122,931	80,939
支付的各项税费	828,628	488,574	416,035	366,687
支付的其他与经营活动有关的现金	112,670	82,713	77,146	57,912
经营活动现金流出小计	1,369,220	887,548	771,819	627,010
经营活动产生的现金流量净额	1,014,860	620,148	422,394	524,749
二：投资活动产生的现金流量				
收回投资所收到的现金	--	1,700	2,500	2,100
取得投资收益所收到的现金	301	173	208	212

续表

报表日期	2011-12-31	2010-12-31	2009-12-31	2008-12-31
处置固定资产、无形资产和其他长期资产所收回的现金净额	4	--	--	5
处置子公司及其他营业单位收到的现金净额	--	--	--	--
收到的其他与投资活动有关的现金	21,253	5,632	--	--
投资活动现金流入小计	21,559	7,505	2,708	2,317
购建固定资产、无形资产和其他长期资产所支付的现金	218,453	173,191	135,660	101,074
投资所支付的现金	--	5,000	1,000	500
取得子公司及其他营业单位支付的现金净额	--	--	--	--
支付的其他与投资活动有关的现金	15,148	5,652	--	--
投资活动现金流出小计	233,600	183,844	136,660	101,574
投资活动产生的现金流量净额	-212,042	-176,339	-133,952	-99,256
三：筹资活动产生的现金流量				
吸收投资收到的现金	--	--	--	--

续表

报表日期	2011-12-31	2010-12-31	2009-12-31	2008-12-31
取得借款收到的现金	--	--	--	--
收到其他与筹资活动有关的现金	10	11	16	76
筹资活动现金流入小计	10	11	16	76
偿还债务支付的现金	--	--	--	--
分配股利、利润或偿付利息所支付的现金	266,195	129,295	123,514	88,467
支付其他与筹资活动有关的现金	--	--	--	--
筹资活动现金流出小计	266,195	129,295	123,514	88,467
筹资活动产生的现金流量净额	-266,185	-129,285	-123,499	-88,391
四：汇率变动对现金及现金等价物的影响	--	--	--	--
五：现金及现金等价物净增加额	536,630	314,524	164,943	337,102
期初现金及现金等价物余额	1,288,840	974,315	809,372	472,271
六：期末现金及现金等价物余额	1,825,470	1,288,840	974,315	809,372

说明：贵州茅台现金流量表数据来自腾讯网的腾讯财经频道，数据单位：万元

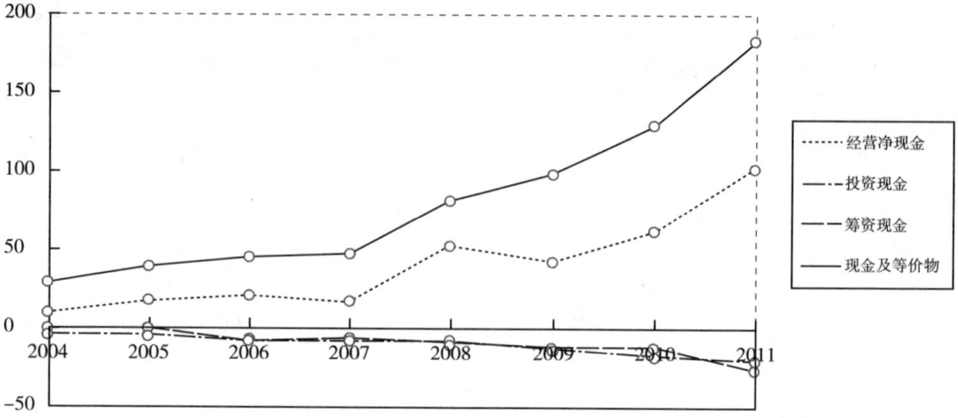

图7-1 贵州茅台2008-2011年现金流量图

7.2 从历史数据中总结经验

彼得·林奇说过：股票投资是一门艺术而非科学。因此，投资者无需具备高深的数学知识和经济学知识，也无需担心你的学历不够高，或者知识不够广博，只要你愿意花点时间做一下分析总结，就可以从股市的历史运行轨迹中发现其运行规律。这里不鼓励投资者仅仅通过分析股票价格历史走势来总结市场运行规律，因为那是技术派的做法，前面做过分析，技术派是股市的输家。

这里要建议你的是，多做一些关于股票基本面的历史数据分析。对于成长派投资人，这会有几个方面的好处：一是可以对股市整体成长规律有所了解和感悟；二是清楚哪些类型的股票具有长期成长性；三是可以熟悉基本面指标的变化规律；四是清楚把握优质成长股在熊市期间的表现。这4个方面的好处，有助于坚定大家投资优质成长股的信心。

建议你用道琼斯指数 100 年的历史走势图，对照当时美国或者世界上发生的一些重大事件，来观察这些事件对美国股市究竟有多大影响。投资者也可以观察中国股市 20 年来在牛市巅峰期和熊市低谷期的整体市盈率和市净率等指标数据，用来判断当下股市的泡沫程度。你还可以比较每一轮经济危机发生时，股市从泡沫巅峰跌到谷底的跌幅，以便对熊市到来时的损失幅度有心理上准备。

你可以查询每一轮经济危机引发股市大跌后，哪些公司跌幅较小，危机过后哪些公司的股价迅速回升并保持稳健增长。这样有助于你把握哪些类型的公司股票具有抗跌性，哪些类型的公司具有长期成长性。

比如观察一下美国 10 年来的大牛股，即使经历了 2008 年的金融危机，它们的涨幅仍然普遍超过 3 倍以上，而且主要集中在快速消费和信息技术两个领域。这说明这两个领域是大牛股的集散地，在这两个领域容易发掘出长期成长股。表 7–9 是美国股市最近 10 年来的明星公司大牛股。

表7–9　美国最近10年来的明星公司大牛股

类型	上市公司	股价涨幅
快速消费领域	麦当劳	5 倍
	百胜餐饮（肯德基）	7 倍
	星巴克	5 倍
	雀巢	3.5 倍
	耐克	5.5 倍
	蔻驰	10 倍

续表

类型	上市公司	股价涨幅
信息技术领域	亚马逊	13 倍
	谷歌	6 倍
	甲骨文	3 倍
	IBM	3 倍
	苹果	60 倍
	高通	5 倍
其他	万事达	9 倍
	联合技术	3 倍
	雪佛龙	3.5 倍

这里将前面做过介绍的基本面指标做一下归纳总结，如表 7–10 所示。投资者可以依据这些指标，通过历史数据分析，来观察个股、行业或者整体股市的运行情况，从中发现泡沫的演化规律；也可以依据这些指标来选择优质成长股，并对其做价值评估和风险评估，从中发现价值评判标准和风险控制标准。

表7–10　基本面分析指标

成长评估	价值评估	竞争评估	现金流风险评估
营业收入增长率 营业利润增长率 净利润增长率 净资产增长率 市销率 PEG	市盈率 市净率 市现率 现金流折现法	毛利率 营业利润率 净利率	资产负债率 流动比率 速动比率 应收款占比 应收款周转率 存货占比 存货周转率

表 7–11 所示，2005 年中国股市熊市进入谷底的时候，白酒业的市盈

率为 29。2008 年熊市谷底的时候，白酒业的市盈率为 27。如果你有经验，或者对历史数据进行过分析，那么在 2008 年熊市白酒业市盈率降到 29 附近的时候，就可以加大持仓量，之后几年将会获得丰厚的回报。

表7–11　白酒业2004–2011年市盈率变化表

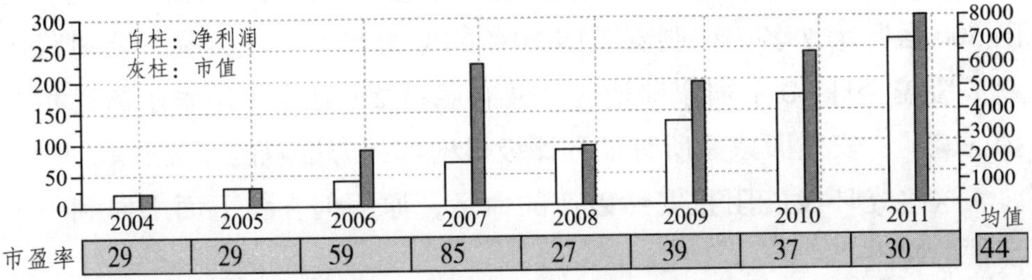

你也可通过历史数据，比较一下优质成长股和大盘指数在熊市期间的表现。从 2007 年的股价泡沫巅峰到 2008 年的股价低谷，上证指数跌幅达 73%，而同期像贵州茅台、东阿阿胶等 40 只优质成长股，平均下跌幅度不到 55%，远低于大盘的下跌幅度。这说明在遭遇重大危机时，优质成长股的投资损失比股市大盘指数小很多。这一结论会坚定你继续持有优质成长股的信心。

总之，历史数据分析有助于提升你的投资经验，有助于你选择优质成长股，同时加强你对牛市、熊市的认识，增强你的投资信心。

7.3　做必要的调查研究

上市公司为了实现自身利益的最大化，通常会按照大股东或者高阶管理层的授意去做财务报表。更有甚者，上市公司故意制造假数据欺骗普通投资人，让普通投资人损失惨重。

我们来看看美国安然公司会计欺诈丑闻。

安然曾是世界上最大的电力、天然气以及电信公司之一，连续6年被《财富》杂志评选为“美国最具创新精神公司”，2001年底却因为会计欺诈丑闻宣告破产。

破产之前，安然身上笼罩着层层光环：作为世界最大的能源交易商，安然在2000年的总收入高达1010亿美元，名列《财富》杂志“美国500强”第7名；控制着美国20%的电力和天然气交易，公司营运业务覆盖全球40个国家和地区，共有雇员2.1万人，是华尔街竞相追捧的宠儿；安然股票是所有证券评级机构都强力推荐的绩优股。

这些光环没能阻止安然破产的命运，原因何在？下面来回溯一下事件的起因。

2001年初，一家投资机构老板吉姆·切欧斯公开对安然的盈利模式提出了质疑。他指出，虽然安然的业务看起来很辉煌，但实际上赚不到什么钱。据他分析，安然的利润率2000年为5%，到了2001年初就降到2%以下，对于投资者来说，投资回报率仅有7%左右。吉姆·切欧斯还注意到有些文件涉及了安然背后的合伙公司，这些公司和安然有着说不清的幕后交易。作为安然的首席执行官，斯基林一直在抛出手中的安然股票，而他却不断宣称安然的股票会从当时的70美元左右升至126美元。

吉姆·切欧斯的质疑引发了人们对安然的怀疑，并开始追究安然的盈利情况和现金流向。在公众的强烈质疑下，安然被迫承认做了假账。黑幕揭开后，安然公司虚报的财务数字让人瞠目结舌，自1997年以来，该公司虚报盈利共计6亿美元。随后，安然正式向破产法院申请破产保护，成为美国历史上最大的破产企业。

在公众质疑之前，安然的财务报表做得非常漂亮。2000年第四季度：公司天然气业务成长翻升3倍，公司能源服务业务翻升5倍；2001年第一季度：销售收入成长4倍，是连续21个盈余成长的财季。

在安然，衡量业务成长的单位不是百分比，而是倍数，这一定让所有投资者都很开心。但到了 2001 年第二季度，公司却突然亏损了，而且亏损额超过 6 亿美元。直到这时，一直隐藏在安然背后的合伙公司才开始露出水面。

经过调查，这些合伙公司大多被安然高管所控制，安然对外的巨额贷款经常被列入这些公司，而没有出现在安然的资产负债表上，这样安然高达 130 亿美元的巨额债务，就不会为投资人所知，而安然的一些官员也从这些合伙公司中牟取私利。显然安然高层对于公司运营中出现的问题非常了解，但长期以来对此熟视无睹甚至有意隐瞒。包括首席执行官斯基林在内的许多董事会成员，一面鼓吹股价还将继续上升，一面却在秘密地抛售公司股票。

公司 14 名监事会成员里，有 7 名与安然关系特殊，要么正在与安然进行交易，要么供职于安然支持的非盈利机构，对安然的种种劣迹睁一只眼闭一只眼。更糟糕的是，位列世界第五的会计师事务所安达信作为安然公司财务报告的审计者，既没有审计出安然虚报利润，也没发现其巨额债务。

安然的核心业务是能源及其相关产品的买卖，该业务是建立在信用基础之上的，也就是能源供应者及消费者以安然为中介建立合约，承诺在一段时间之后履行合约义务。这种业务模式对于安然的现金流具有重大影响，安然的大多数业务都是基于这种“未来市场”的合同。虽然签订的合同收入将计入公司财务报表，但在合同履行之前，并不能给安然带来任何现金，合同签订得越多，账面数字和实际现金收入之间的差距就越大。另外，这种业务模式说明安然实质就是一家贸易公司，但安然不愿意承认自己是贸易公司，其原因是贸易公司通常面临着交易收入不稳定的风险，很难在股市上得到较高评价。

在安然破产事件中，损失最惨重的无疑是投资者，尤其是公司破产之后仍然掌握大量安然股票的普通投资者。按照美国法律，在申请破产保护之后，安然的资产将优先缴纳税款、偿还银行借款、发放员工薪资等。本来就已经不值钱的公司再经这么一折腾，投资人肯定是血本无归。

在此事件中受到影响的还有安然的交易对象和一些大的金融财团。据统计，交易对象中，杜克集团损失了1亿美元，米伦特公司损失8000万美元。在财团中，损失比较惨重的是J.P.摩根和花旗集团。仅J.P.摩根对安然的无担保贷款就高达5亿美元，据说花旗集团的损失差不多与此相当。

安然的问题最早是被一家投资机构老板吉姆·切欧斯在调研中发现的，这使他的公司避免了一次重大投资损失。《孙子兵法》上说："知己知彼，百战不殆。"作为一个成功的投资人，你需要对上市公司做必要的基本面调查研究，熟悉掌握公司的主要运营情况，从而减少作出错误投资决策的风险。

投资者可以从4个方面对上市公司进行调查研究：一是上市公司所处的行业成长性及竞争情况；二是上市公司的核心竞争力；三是上市公司的治理情况；四是上市公司面临的重大现金流风险。接下来就这几个方面的调研进行详细说明。

1.行业成长及竞争情况

行业调研的目的是理清行业成长情况及竞争情况，选择快速成长或者稳健成长的行业进行投资，避开增长受到局限或者竞争过分激烈的行业。表7-12列出了需要重点关注的调研指标，投资者一定要认真阅读理解。

表7-12　行业成长及竞争情况调研指标

调研指标	说明
行业类别	快速消费行业以及IT行业通常是大牛股的集中地。金融、能源以及资源等行业属于周期性行业，在周期性行业中发掘出大牛股的可能性较小，仅适合在熊市期间买入

续表

调研指标	说明
成长类型	是周期型还是成长型？周期型通常采用价值投资策略，成长型则采用成长股投资策略
行业生命周期	是处在成长初期、快速成长期还是稳定成长期？是处在循环周期的复苏期、巅峰期、衰退期还是低谷期？
重复购买	消费者反复购买的行业容易产生巨大的市场需求，也容易产生大牛股
行业增长率	行业整体增长率是多少？该增长速度能维持多久？增长是在加速还是在减速？
是否赚钱行业	有些行业容易建立竞争壁垒，使得该行业的公司普遍比较赚钱，比如白酒、医药等行业就是典型的赚钱行业。有些行业先天竞争激烈，赚钱较为艰难，比如电子、玩具等行业，就是典型的赚钱比较难的行业
行业利润情况	可以通过行业的整体销售毛利率、营业利润率以及销售净利率等指标，判断行业利润是丰厚还是单薄，依此可以判断出行业的竞争是否激烈
行业竞争激烈度	通过以上指标调研，综合判断行业竞争是否激烈。竞争太激烈的行业，对公司核心竞争力的分析就显得尤为重要

2.公司核心竞争力

公司核心竞争力，是公司在激烈市场竞争中持续保持竞争优势的关键。投资者买入之前，一定要弄清楚公司的核心竞争力是什么，并判断公司的核心竞争力还能在多长时间内维持公司的竞争优势。表7–13是用于判断公司核心竞争力的调研指标。

表7–13 公司核心竞争力调研指标

调研指标	说明
锁定	公司有没有建立起锁定用户不至于流失的能力？公司通过什么方式锁定用户：靠庞大的网络聚集力量？靠消费认可的品牌？靠用户养成的使用习惯？靠用户转换需要付出的代价？

续表

调研指标	说明
壁垒	公司有没有建立竞争壁垒，将竞争对手阻挡在门外？靠什么样的壁垒阻挡竞争对手：特许经营权还是专利？能阻挡多久？
低成本	公司有没有建立起低成本的运营模式？靠什么方式使得运营成本保持较低水平：流程优化？地理位置优势？独特的资源优势？市场规模优势？
商业模式	公司是否建立起一种独特的商业模式，让竞争对手在短期内难以模仿和超越？比如戴尔的商业模式，ZARA 商业模式
提价权	公司是否拥有提价权？拥有提价权的企业在市场增长遇到瓶颈时，可以通过产品提价来增加销售和利润
行业地位	公司在所处的行业是否保持领先地位？领先者有成本、融资、管理等诸多优势

3.公司治理

一位优秀的领导人，会打造一支优秀团队，并制定正确的发展战略，让一家公司保持长盛不衰。表 7–14 是公司治理常用的调研指标。

表7–14　公司治理调研指标

调研指标	说明
公司股权结构	公司股权结构是否复杂？公司的最终控制人是谁？股东之间是否彼此信任与合作？
管理层依赖度	公司经营业务是否专注？公司产品工艺是否复杂？公司经营管理是否复杂？更换公司领导人是否会对公司发展造成影响？
领导人能力	公司领导人是否具有下列能力：坚定的意志力？非常强的洞察问题与分析能力？持续变革和突破能力？行业经验？个人魅力？
公司战略	公司的产品研发战略是什么？公司的市场营销战略是什么？公司的人才战略是什么？公司的管理战略是什么？公司战略是否能促进企业发展？

调研指标	说明
团队建设	公司的团队角色搭配如何？公司是否建立了清晰的责权体系？公司采用什么样的激励方式激励员工？ 公司是否建立了一支有凝聚力的团队？

4.现金流风险

为了减少你的投资风险，需要避开有重大现金流风险的公司。表7–15是常用的现金流风险调研指标。

表7–15　现金流风险调研指标

调研指标	说明
债务	公司资产负债率是多少？负债是否处于可控范围？公司未来一段时间的利息支出情况怎样？
应收款	公司应收款的增长速度是否超过销售增长速度？公司应收款是否占资产比重过大？
存货	公司存货是否急速上升？公司存货是否占资产比重过大？
客户分散度	公司产品是否主要销售给少量几个大客户？
关联交易	公司是否存在大额关联交易？关联交易风险是否可控？
企业担保	公司是否存在大额担保？担保风险是否可控？
潜在现金流风险	公司当前正发生的重大事件或重大问题，是否会对公司未来的现金流构成影响？公司是否存在重大潜在问题？重大潜在问题对公司未来的现金流构成多大的影响？

5.调研方式

进行上市公司调研时，你可以选择常用的一些调研方式，比如互联网搜寻、电话沟通、实地到访、客户访谈。下面分别就这些调研方式的优劣做一个简要说明，如表7–16所示。

表7-16　各种调研方式优劣

调研方式	说明
互联网搜寻	公司重大事件信息、公司领导人背景、新闻媒体重要报道、专业人士研究成果，以及公司所处行业情况等，通常都可以通过网络高效率地搜寻到。网上搜寻到的信息比较庞杂，正面负面信息均有，要善于整理和识别
电话沟通	电话沟通可预先设定你想要询问的问题，目的性非常强，但是否能找到合适的人沟通是关键
实地到访	实地到访可以感受公司的治理情况，比如管理是否规范，人员素质高低，公司领导人的能力及风格等。实地到访效率不高，因此通常到后期决策阶段才使用这种调研方式
客户访谈	一家公司做得是否优秀，通常它的客户是最有发言权的。投资者能从它的客户那里了解到公司拥有什么样的竞争优势，公司的竞争对手情况等

7.4　识别优秀的专业投资人

如果你没有时间做股票分析研究，仍然可以通过两种方式投资，一是投资傻瓜式的指数基金，可以获得整体市场成长带来的收益；二是将资金交给优秀的专业投资人打理。比如巴菲特在执掌伯克希尔·哈撒韦公司40年间，实现了超过20%的年均复利增长。彼得·林奇在其执掌美国富达公司麦哲伦基金的13年间，实现了年均29.2%的复利增长。

为何建议你将资金交给优秀的专业投资人打理，而不是投资于历史业绩很好的基金？这是因为在证券投资行业，专业投资人的能力对证券投资的成败起着决定性的作用，业绩好的基金换了经理人，很可能就辉煌不再，因此你需要跟对投资人而不是跟对基金。

在中国股票市场，由于证券市场建立时间较短，发展不够成熟规范，专业投资人也鱼龙混杂，优秀的专业投资人不多。投资者在选择专业投资人时，需要具有识别能力和一双慧眼，并且要谨防掉入各种投资陷阱。

下面几类投资人是需要回避的。

1.操纵型投资人

前面分析过，无论是在发展中国家股票市场，还是发达国家股票市场，均有不少操纵型的投资人存在，区别仅在于是合法操纵还是非法操纵。操纵者通常会有几次辉煌的投资业绩，但这种业绩是不可长期持续的。

首先他们掌握的法律或者系统漏洞，使用几次后，会被更大的操纵者用来对付他们，或者被市场强大的力量所击败，或者被政府的规则或者法律给制服，最终结局通常以惨败告终。

比如 20 世纪 70 年代末和 80 年代初美国亨特兄弟的白银操纵案，亨特兄弟一度控制了美国白银期货市场超过一半的期货合约，同时还持有 1.2 亿盎司的白银现货，把白银这样的大宗商品从 2 美元 / 盎司推高到 50.35 美元 / 盎司，无数空头被轧得死去活来，创造了金融投机史上一段前无古人的传奇。后来在纽约商品期货交易所采取提高保证金、实施持仓限制和只许平仓交易等措施的干预下，使得亨特兄弟的持仓成本大幅提高。由于亨特兄弟是通过借贷来买进白银，在偿债的压力下被迫甩卖白银，导致白银市场价格迅速崩溃，最终致使操纵失败。在中国股票市场上，也有一批老鼠仓、涨停板敢死队、股市黑嘴等操纵案被证监会处理。

操纵型投资人的最终投资结局是悲惨的，你需要远离他们。

2.赌博型投资人

赌博型投资人最大的特点，是拿普通投资人的钱去押注，押对了会辉煌一把，可押错了会损失惨重。赌博型投资人通常会将资金全部投入市场正追逐的新概念上，比如股权激励、并购重组、稀缺资源、新能源、物联网、云计算、高铁概念等。

有一个私募基金经理在2010年的高铁概念中将全部资金投入进去，获利颇丰，收益排名第一，但在随后的2011年遭遇重大失败，该私募基金以解散告终。

当你看见一个名不见经传的基金经理某一年业绩突然上升到显要位置，你可得小心了，因为很有可能他是赌对了某种概念。赌对了他获得不少收益，赌错了他没有损失，却让投资者来承受巨大损失。

3.顺风型投资人

顺风型投资人在民间较多，他们通常借助牛市的东风，发布博客吸引大众参与，给投资者推荐股票，或者直接替你操盘，如果盈利了，他们通常会分30%左右的利润提成。这种方式在牛市的时候成功概率较高。

在牛市期间，绝大多数股票都会轮番上涨，即使他们什么能耐也没有，但对着股票清单乱点一通，选中的股票也基本上都会上涨，不明真相的人还视他们为股神。一旦熊市来临，他们的方法就失去了效用，帮客户推荐的股票绝大部分会下跌。这个时候你会发现，他们已经在股市中销声匿迹。

顺风型投资人发布博客通常会用假名，也不会告诉你他真实的办公地址在那里。这么做的目的，一是为了逃避政府监管，二是一旦他们推荐或者操盘失误，和客户发生纠纷，他们可以立刻消失得无影无踪。对于这种连身份都不了解的人，将资金交给他们打理，无异于打水漂儿。

4.技术型投资人

技术型投资人认为股票的所有信息都已经体现在图形中，他们不愿意也不屑于做基本面分析，他们特别迷恋股票技术图形研究，甚至编程进行图形概率分析。他们通常做事努力认真，做人也比较诚实守信，股票的投资理论和操盘方法似乎也很有道理。他们最大的问题是没有弄清楚股市的真正规律，采用了错误的投资策略，频繁地进行短线操作。他们以为自己能够战胜市场，但最终会输得很惨。

这部分人的根基比较好，有少量技术型投资人在反复操作失败后会不断地进行反思，最后从技术图形中走出来，回归到价值投资或者成长投资队伍当中，取得了不错的投资收益。在他们从技术图形走出来之前，你的钱袋还是捂紧一点，不要轻易交给他们打理。

5.保饭碗型投资人

这类投资人在公募基金经理中为数不少。众所周知，公募基金经理待遇不错，有些公募基金经理缺乏有效的投资策略，他们不求上进，但求无过，只要能保住自己的金饭碗就行。他们通常会选择股票指数中知名度高、盘子大、市盈率低的上市公司进行投资，还美其名曰遵循“安全边际”的价值投资，实则是怕承担风险，随大流而动。

买名不见经传的公司股票，如果亏损了，你会抱怨基金经理买错了股票。买知名公司股票亏损了，你抱怨的不是基金经理，而是这家该死的公司。

彼得·林奇说过，华尔街有一条不成文的潜规则：“如果你购买IBM的股票而使客户资金遭受损失，那么你永远不会因此丢掉饭碗。”

如果把你的资金交给他们去买大盘股，还不如自己去买股票指数，至少你不会付出较多的基金管理费。

6.值得信赖的优秀投资人

前面五类投资人你都需要回避，那么到底什么样的投资人才是优秀的投资人呢？投资者可从下面几个角度来考察这个投资人是否优秀：

一、是否诚实守信；二、是否坚持正确的投资策略；三、是否有稳健的性格；四、是否有较强的洞察问题与分析问题的能力；五、是否有持续5年以上的成功投资业绩。

（1）诚实守信

诚实守信是商业社会一个最基本的行为准则，如果你碰到一个专业投资人胡乱拍胸脯承诺，你就得小心了。金融市场风险高，没有谁能保证百分之百赚钱，而且随时有可能发生导致投资损失的意外事件，因此一个优秀的投资人是非常谨慎的，不会随便承诺，并且会告知你投资存在的各种风险，提醒你注意。

投资者可观察专业投资人的言行是否一致，了解过去是否有欺骗客户的历史，留意他的态度是否真诚，工作作风是否稳健，以此来判断他是否诚实守信。

（2）坚持正确的投资策略

前面介绍过股票投资市场有6个派别，也就有6种代表性的股票投资策略。作为股票类委托理财，你必须选择成长投资策略或者价值投资策略，这样才能获得稳健的回报，因此你需要选择信奉这两种投资策略的专业投资人。

策略不仅仅表现在口头上，你还要观察他们购买的股票是否真正符合这两种投资策略，并且了解他们是否有和投资策略配合的分析系统，以及和投资策略配合的调研体系。

（3）稳健的性格

有了正确的投资策略，专业投资人还需要稳健的性格来执行投资策略。优柔寡断的人经常会拿不定主意，从而失去投资或降低风险的机会。冒失冒进的人对投资策略会朝令夕改，难以长期持续坚持一种正确的做法。

在投资活动中，人是最关键的因素。只有性格稳健的人，才能长期始终如一地坚持执行正确的投资理念。大家可观察很多成功人士，他们为人处世通常都是非常稳健的。因此观察并判断你选择的专业投资人的性格是否稳健，对于你的投资收益非常重要。

（4）较强的问题洞察与分析能力

行业的成长及竞争情况怎么样？企业的核心竞争力是什么？公司的治理水平如何？企业发展过程中是否存在重大风险？对于这些问题的判断，关系到投资的成败，但是对这些问题判断正确与否，完全依赖于你所选择的专业投资人的能力。问题洞察与分析能力较强的专业投资人，能够及早发现问题并及时采取应对措施。

怎样才能判断你所选择的专业投资人有较强的问题洞察与分析能力呢？一是了解他过去对一些事情的公开分析判断，现在来验证这些结论是否正确。二是看他的逻辑思维是否缜密，如果对事物的分析判断漏洞百出，那他一定是有问题的。有较强问题洞察与分析能力的专业投资人，可以提高你的投资胜算概率，因此仔细观察，谨慎选择，优秀的投资人终究是会被你发现的。

（5）是否有持续 5 年以上的成功投资业绩

至少有持续 5 年以上的成功投资业绩，是检验专业投资人非常重要的一项标准。真金不怕火炼，真实的投资业绩比什么都强。

中国证券市场本身的发展时间较短，所以无需用更长的时间去检验，但也不应低于 5 年这个时间标准。持续 5 年以上的成功投资业绩，并非说年年要求都要有盈利，在大势不好的年头，只要比大多数基金亏损得少，或者能基本维持不亏损，就是很好的投资业绩。

没有时间进行股票分析投资的投资者，如果能够坚决回避 5 类专业投资人，并且以上面 5 个标准谨慎选择专业投资人，相信会大大提升投资胜算的概率。

后记

投资方法进化论

价值派的开山鼻祖格雷厄姆，早期重视公司的清算价值分析，即当公司的市值低于净资产时买进，然后通过拍卖公司资产获得收益，俗称捡烟蒂。通过捡烟蒂，格雷厄姆获得了不菲的收益。可是随着他的投资方法公开，在股市捡烟蒂的人越来越多，最后烟蒂被捡得干干净净，导致格雷厄姆晚年放弃了他创造的价值投资理念。

价值投资的继承人巴菲特，对格雷厄姆的价值投资理念进行了改造，吸收了成长派教父菲利普·费雪的成长股投资理念。巴菲特通过股票市场投资，成为了世界首富，被人们尊为“股神”。

当价值派的投资方法为主流投资人所用时，在大多数时间里，股票价值低估的机会会越来越稀少，只有在个股、行业或者整体股市危机困顿期间，才会出现比较多的价值低估投资机会，这也是价值投资者越来越多选择在熊市期间投资的原因。在价值投资者的眼里，熊市是价值投资的春天，所以巴菲特在2008年金融危机期间大量吃货买进。

对于优质个股来讲，股价可能长期存在泡沫，市场一直不给价值投资者买进的机会，比如巴菲特就错过微软、思科、苹果、谷歌等大牛股。

当传统的价值派投资人在苦苦等待越来越稀少的价值低估机会时，成长派投资人却改变传统价值投资者对当前价值评估的方法，开始重视公司未来价值的评估。成长派投资人彼得·林奇就注重购买小市值成长型公司，他看中的是小市值公司的未来成长性，并发明了PEG指标用来指导股票买卖。

彼得·林奇在其执掌美国富达公司麦哲伦基金的13年间，实现了年均29.2%的复利增长，其管理的资产也由2000万美元成长至140亿美元。

随着商业市场竞争不断演化，投资方法也在持续进化，今后本书将不定期改版，以便持续追踪和反映投资策略的最新发展情况。

投资策略进化的同时，投资分析工具也在进化。随着电脑和互联网等信息技术的应用，投资者能够越来越方便地获得世界上各个国家上市公司的经营管理数据，并进行详细的投资分析。

笔者已开发完成一套“老孟价值分析”系统，这套系统采用进化投资理念，结合价值投资、成长投资以及指数化投资等方法，能非常方便地对中国2000多家上市公司进行评估分析，既可对个股进行分析，也可对行业和整体股市进行分析，书中的一些分析图表就来自该系统，若大家有兴趣进一步了解，可发信息到作者邮箱：usource@tom.con。

致　谢

本书部分内容引自“百度百科”。由于“百度百科”编辑者众多，无法在参考文献里罗列，在此表示感谢。

本书初稿完成时，我可爱的宝宝恰好降生，感谢宝宝为我和家人带来的欢乐，也特别感谢爱人怀孕以来的辛苦付出。

感谢父母为养育我们兄弟姐妹所付出的艰辛和操劳，感谢那些一路走来支持和帮助过我的领导、老师、同学、同事以及亲戚朋友，衷心谢谢你们！

感谢中国宇航出版社编辑田方卿为本书提供的修改建议。

参考文献

[1]菲利普·A·费舍.怎样选择成长股.北京：地震出版社，2007.

[2]彼得·林奇，约翰·罗瑟查尔德.彼得·林奇的成功投资.北京：机械工业出版社，2009.

[3]帕特·多尔西.股市真规则.北京：中信出版集团股份有限公司，2010.

[4]约翰·肯尼斯·加尔布雷思.1929年大崩盘.上海：上海财经大学出版社，2006.

[5]罗伯特·阿诺德，许仲翔，约翰·韦斯特.基本面指数投资策略.北京：社会科学文献出版社，2010.

[6]刘建位.巴菲特的自知之明与自制之志.第一财经日报，2010.9.18.

[7]马坚.中证等权重90指数投资浅析.上海证券报，2010.12.02.

[8]范卫锋.从1万到1亿的路径选择——寻找跨越100年的投资策略.新浪博客，2007.02.09.